U0744266

高职高专国际经济与贸易专业系列规划教材

外贸单证实务

黄秀丹 主 编

张 鑫 副主编

電子工業出版社

Publishing House of Electronics Industry

北京 • BEIJING

内 容 简 介

本书基于外贸单证员实际工作过程进行设计，以虚拟的外贸公司为背景，以一笔完整贸易为主线，在外贸单证员岗位工作任务和职业能力分析的基础上，与企业、行业专家共建外贸单证专家组共同开发课程标准，打破原有以知识体系为线索的传统编写模式，使学习过程成为人人参与的自主的实践活动。根据贸易流程所涉及的基本环节分为外贸单证工作认知、开立信用证、审核、修改信用证、制作商业发票和包装单据、办理运输、办理报检、申领原产地证明书、办理报关、办理保险、制作汇票及其他结汇单据等学习情境。每个学习情境又分为学习目标、情境导入、工作任务、操作示范、技能训练等栏目，让学生能够完整地掌握该情境下的学习内容，具有系统性、真实性和实用性。为方便教师教学和学生自学，本教材还配备了同步配套的教学课件。

本书可以作为高职国际经济与贸易、国际商务、报关与国际货运等专业的教材，也适合外贸从业人员岗位培训或自学使用。

未经许可，不得以任何方式复制或抄袭本书之部分或全部内容。
版权所有，侵权必究。

图书在版编目（CIP）数据

外贸单证实务 / 黄秀丹主编. —北京：电子工业出版社，2017.2
高职高专国际经济与贸易专业系列规划教材
ISBN 978-7-121-30538-2

Ⅰ. ①外…　Ⅱ. ①黄…　Ⅲ. ①进出口贸易－原始凭证－高等学校－教材　Ⅳ. ①F740.44

中国版本图书馆 CIP 数据核字（2016）第 290037 号

策划编辑：姜淑晶
责任编辑：王凌燕
印　　刷：北京盛通商印快线网络科技有限公司
装　　订：北京盛通商印快线网络科技有限公司
出版发行：电子工业出版社
　　　　　北京市海淀区万寿路 173 信箱　邮编 100036
开　　本：787×1092　1/16　印张：12.5　字数：320 千字
版　　次：2017 年 2 月第 1 版
印　　次：2023 年 6 月第 6 次印刷
定　　价：36.00 元

凡所购买电子工业出版社图书有缺损问题，请向购买书店调换。若书店售缺，请与本社发行部联系，联系及邮购电话：（010）88254888，88258888。

质量投诉请发邮件至 zlts@phei.com.cn，盗版侵权举报请发邮件至 dbqq@phei.com.cn。

本书咨询联系方式：（010）88254199，sjb@phei.com.cn。

前　言

Preface

“外贸单证实务”是高职高专经贸类专业的核心主干课程之一，该课程是根据快速发展的外贸行业对毕业生的需求而设置的。为了更好地适应高等职业教育的发展要求，提高经贸类毕业生的岗位技能，编者与行业、企业专家研讨、设计，共同编写了本教材。

本教材是基于外贸单证员的实际工作过程进行设计的，以虚拟的外贸公司为背景，以一笔完整贸易为主线，在外贸单证员岗位工作任务和职业能力分析的基础上，与企业、行业专家共建外贸单证专家组共同开发课程标准，打破原有的以知识体系为线索的传统编写模式，使学习过程成为人人参与的自主实践活动。本教材根据贸易流程所涉及的基本环节分为外贸单证工作认知，开立信用证，审核、修改信用证，制作商业发票和装箱单据，办理运输，办理报检，申领原产地证明书，办理报关，办理保险，制作汇票及其他结汇单据等学习情境。每个学习情境又分为学习目标、情境导入、工作任务、操作示范、知识拓展、技能训练等栏目。

本教材注重以学生为主体，以职业能力培养为目标，强调对各种外贸单证操作能力的训练，围绕工作任务的需要选取理论知识。在编写体例上也进行了创新，以一条工作线索贯穿全文，让学生能够完整地掌握该情境下的学习内容，具有系统性、真实性和实用性。

本教材的编写充分体现了以单证员实际岗位要求为依托、以单证员具体工作过程为主线的课程设计理念，打造了融学习过程于工作过程的职业情境。教材内容安排以学习目标—情境导入—工作任务—操作示范—知识拓展—技能训练为顺序，凸显工学结合的高职教育特色，体现了教学过程的实践性、开放性及职业性。

本教材由辽宁经济职业技术学院黄秀丹主编，嘉兴南洋职业学院张鑫任副主编。具体分工如下：黄秀丹负责学习情境三、四、五、六、七、八、九、十、附录，张鑫负责学习情境一、二、十一、十二，全书由黄秀丹统稿。

本书以培养应用型人才为目标，可以作为高校国际经济与贸易、商务英语、货运与报关类等专业的教材，也可作为外贸从业人员岗位培训或自学使用。由于编者水平有限，书中误漏欠妥之处在所难免，敬请广大读者批评指正。

编　者

目　　录

Contents

学习情境一　外贸单证工作认知

学习目标

知识目标：了解单证的含义、作用。

技能目标：熟悉并掌握出口许可证的填制要求。

情境导入

张敏是辽宁某高校2015届应届毕业生，学习期间品学兼优，毕业后通过招聘就职于营口新锐进出口贸易公司出口部，主要负责单证员岗位工作。作为一名外贸新手，单证员张敏不仅要熟悉制单员的工作内容及要求，同时还应协助公司经理办理进出口许可证的相关工作。对此，单证员张敏的主要工作任务如下：

任务一　初识外贸单证员工作

任务二　申领出口许可证

任务一　初识外贸单证员工作

在国际贸易实施过程中，合同、订单、报关、报检、运输、仓储、银行、保险等各个环节，无一不是通过各种单据凭证来维持的。单证员就是国际贸易结算业务中，根据合约和信用证条款从事审核、制作各种单据的基础性人才，每家外贸企业都不可或缺。其主要表现在对传统外贸岗位从业技能要求的提高，不仅要掌握最新的专业知识，同时须持有国家颁发的资格证书。单证员的主要工作有审证、制单、审单、交单与归档等，具有工作量大、涉及面广、时间性强与要求高等特点。单证作为一种贸易文件，它的流转环节构成了贸易业务程序。单证工作贯穿于企业的外销、购货、运输、保险、收汇的全过程。除了外贸企业内部各部门之间的协调外，还必须和银行、海关、交通运输部门、保险公司、商检机构、有关行政管理机关发生多方面的联系。环环相扣，相互影响，互为条件。

一、单证的含义

单证（Documents）是指在国际货物买卖中应用的单据、文件与证书的统称，凭借它来处理国际货物买卖的交付、运输、保险、报关、报检、结汇等。狭义的单证指单据和信用证；广义的单证则指各种文件和凭证。就国际贸易而言，单证是出口货物交付的证明，是结算的工具。

单据可以表明出口商是否履约及履约的程度如何；进口商品以单据作为提取货物的物权凭证，有了单据，就表明有了货物。其作用具体如下。

1. 单证是结算的基本工具

国际贸易是国与国之间的商品买卖，但由于买卖双方处在不同的国家、地区，商品与货币不能简单地直接交换，而必须以单证作为交换的凭证。因此，现代贸易又称为单据买卖。按照国际商会《跟单信用证统一惯例》（UCP600）2007 修订本第四条规定，“在信用证业务中，各有关当事人所处理的只是单据，而不是单据所涉及的货物、服务或其他行为”。

2. 单证是履约的必要手段

在国际贸易中，买卖双方必须以单证作为交换的媒介手段。出口贸易合同履行过程中的单证，一般可分为两类：一类具有商品的属性，它们有的代表商品，有的为货币的支付作出承诺或作出有条件的保证等；另一类具有货币的属性，它们有的直接代表货币，有的为货币的支付作出承诺或作出有条件的保证等。每种单据都有其特定的功能，它们的签发、组合、流转和应用反映了合同履行的进程，也反映了买卖双方权责的产生、转移和中止。

3. 单证工作是企业经营管理的重要环节

单证工作是为贸易全过程服务的。贸易合同的内容、信用证条款、货款衔接、审证改证、交单议付等业务管理的问题，最后都会在单证工作中反映出来。单证工作是外贸企业经营管理中的一个非常重要的环节，单证工作组织管理的优劣直接关系到外贸企业的经济利益。

4. 单证工作是政策性很强的涉外工作

外贸单证工作是一项政策性很强的涉外工作，体现着平等互利和按国际惯例办事的政策精神。单证为涉外商务文件，必然体现国家的对外政策，因此必须严格按照国家有关外贸的法规和制度办理。

二、外贸单证员工作的基本要求

单证工作是完成国际贸易程序不可缺少的手段之一，是进出口业务中一项重要的基础性工作。单证员的主要工作有审证、制单、审单、交单与归档等，它贯穿于进出口合同履行的全过程，具有工作量大、涉及面广、时间性强与要求高等特点。这就要求我们要严格按照单证工作的要求，高质量地完成单证工作，为后续工作的进行打下良好的基础。

对单证制作的要求如下。

1. 正确

一方面要求各种单据必须做到“三相符”（单据与信用证相符、单据与单据相符、单据与实际货物相符），其中“单证相符”是前提，离开这个前提，单单之间即使相符，也会遭到银行的拒付。“单货相符”主要是指单据的内容应该与实际交货一致，即与合同一致，这样单证才能真实代表出运的货物，确保正常履约，安全收汇。另外，要求各种单据必须符合有关国际惯例和进出口国有关法令和规定。在信用证业务中，单据的正确性要求精确到不能有一字之讹，同时还要求出口人出具的单据种类、份数和签署等必须与信用证的规定相符。

2. 完整

（1）单据内容完整：每一种单据本身的内容（包括单据本身的格式、项目、文字和签章等）必须完备齐全，否则就不能构成有效文件，也就不能为银行所接受。

（2）单据种类完整：单据必须是成套齐全的而不是单一的，遗漏一种单据，就是单据不完整。单据应严格按照信用证规定一一照办，除主要单据外，一些附属证明、通知一定要及时催办，不得遗漏。

（3）单据份数完整：在信用证项下的交易中，进出口商需办理哪些单据，一式几份都已明确，尤其是提单的份数，更应注意按要求出齐，避免多出或少出，造成不必要的麻烦。

3. 及时

及时是指单证工作的时间性很强，必须紧紧掌握装运期、交单期、信用证的有效期。及时出单包括两个方面的内容：

（1）各种单据的出单日期必须符合逻辑。也就是说，每一种单据的出单日期不能超过信用证规定的有效期限或按商业习惯的合理日期。如保险单的日期应早于提单的日期，而提单的日期不应晚于信用证规定的最迟装运期限，否则，就会造成单证不符。

（2）交单议付不得超过信用证规定的交单有效期。如信用证不做规定，按国际商会《跟单信用证统一惯例》规定“银行将拒绝接受迟于运输单据出单日期 21 天后提交的单据”，但无论如何，单据也不得迟于信用证到期日提交。

4. 清晰

清晰是指单证的内容应力求简化。国际商会《跟单信用证统一惯例》中指出“为了防止混淆和误解，银行应劝阻在信用证或其任何修改书中加注过多细节的内容”，其目的也是为了避免单证的复杂化，提高工作效率。

5. 整洁

整洁是指单证表面清洁、美观、大方，单证内容简洁明了。如果正确和完整是单证的内在质量，那么整洁则是单证的外观质量。它在一定程度上反映了一个国家的科技水平和一个企业的业务水平。单证是否整洁，不但反映出制单人的业务熟练程度和工作态度，而且还会直接影响出单的效果。单证的整洁是指单证格式的设计和缮制力求标准化和规范化，单证内容的排列要行次整齐、主次有序、重点项目突出醒目，单证字迹清晰、语言通顺、语句流畅、用词简明扼要、恰如其分，更改处要盖校对章或简签。如单证涂改过多，应重新缮制单证。

案例：某公司与加拿大客商签订一份销售合同，目的港为蒙特利尔。由于单证人员疏忽，制单时误填为多伦多，以致进口货物到达多伦多港。该公司在负责将货物完好运抵蒙特利尔港口后，按对方要求，赔偿货物迟交的经济损失数十万元。

分析：国际贸易的完成，往往是以单证流转的形式实现，卖方凭单交货，买方凭单付款。本案例中，本是可以避免的问题，却因为单证工作中的疏忽，不仅不能及时结汇，同时还要赔偿买方的损失。可见，单证工作中的任何失误都会给企业带来不同程度的经济损失，甚至影响国家信誉。良好地完成单证工作是一套正确、完整、齐全的单证诞生的先决条件，也是我们是否能及时顺利地完成收汇的前提。

知识拓展

外贸业务员与外贸单证员、外贸跟单员的关系

在外贸企业中，外贸业务员与外贸单证员、外贸跟单员组成一个团队，共同完成进出口贸易工作。其中，外贸单证员主要负责商检、运输、保险、报关、结汇等环节的单证事务；外贸跟单员主要负责合同签订后对货物生产、检验、运输、保险、报关、结汇等合同执行情况进行跟踪和操作。可见，外贸单证员和外贸跟单员是外贸业务员

的左膀右臂，共同协助外贸业务员做好履约工作。从这三个岗位的工作任务来看，外贸单证员完成的是若干业务点的工作；外贸跟单员完成的是其中一条业务线的工作；外贸业务员完成的是一个业务面的工作。可见，要想成为一名合格的外贸业务员，首先要熟悉外贸单证员和外贸跟单员的工作流程。因而对外贸业务员的要求就大大高于外贸单证员和外贸跟单员，外贸单证员和外贸跟单员需要具备的知识和能力，外贸业务员在一定程度上都要具备。在实际工作中，有一些外贸企业特别是小企业往往不设外贸跟单员岗位，其跟单工作由外贸业务员兼任。

任务二　申领出口许可证

在国际贸易中，出口许可证是根据一国出口商品管制的法令规定，由有关当局签发的准许出口的证件。出口许可证制是一国对外出口货物实行管制的一项措施。一般而言，某些国家对国内生产所需的原料、半制成品及国内供不应求的一些紧俏物资和商品实行出口许可证制。通过签发许可证进行控制，限制出口或禁止出口，以满足国内市场和消费者的需要，保护民族经济。

出口许可证（Export License），是指商务部授权发证机关依法对实行数量限制或中华人民共和国出口许可证其他限制的出口货物签发的准予出口的许可证件。出口许可证监管证件代码为“4”。加工贸易出口“出口许可证”管理的货物，监管证件代码为“x”。边境小额贸易出口“出口许可证”管理的货物，监管证件代码为“y”。

根据国家规定，凡是国家宣布实行出口许可证管理的商品，不管任何单位或个人，也不分任何贸易方式（对外加工装配方式，按有关规定办理），出口前均须申领出口许可证；非外贸经营单位或个人运往国外的货物，不论该商品是否实行出口许可证管理，价值在人民币1000元以上的，一律须申领出口许可证；属于个人随身携带出境或邮寄出境的商品，除符合海关规定自用、合理数量范围外，也都应申领出口许可证。

目前，我国执行审批并签发出口许可证的机关为：国家外经贸部及其派驻在主要口岸的特派员办事处；各省、自治区、直辖市及经国务院批准的计划单列市的对外经贸行政管理部门，实行按商品、按地区分级发证办法。

一、申领出口许可证需要准备的文件

（1）申领并填写《出口许可证申请表》（正本）加盖申领企业印章。

（2）出口商品的出口合同（正本复印件）。

（3）出口企业第一次领证时应出具《中华人民共和国进出口企业资格证书》，如果出口指定公司经营的商品，应提供商务部的核准文件。

（4）提供批准出口商品的证明文件。

（5）申领单位的公函及申领人工作证件。

二、申领出口许可证的基本程序

1. 申请

即由申领单位或个人（以下简称“领证人”）向发证机关提出书面申请函件。申请的内容包括：出口商品（货物）名称、规格、输往国别地区、数量、单价、总金额、交货期、支付方式（出口收汇方式）等项目。同时，还须向发证机关交验有关证件或材料。

2. 审核、填表

发证机关收到上述有关申请材料后进行审核。经同意后，由领证人按规定要求填写《中华人民共和国出口许可证申请表》。

3. 输入电脑

填好的出口许可证申请表，由申请单位加盖公章后送交发证机关，经审核符合要求的，由发证机关将申请表各项内容输入电脑。

4. 发证

发证机关在申请表送交后的三个工作日内，签发《中华人民共和国出口许可证》，一式四联，将第一、二、三联交领证人，凭以向海关办理货物出口报关和银行结汇手续。同时，收取一定的办证费用。

三、出口许可证的填制

1. 商品编码

商品编码一般为10位数字代码，请确保代码正确无误，并与“商品名称”相一致。

2. 申领日期

此处应填写递交申请表的日期。

3. 出口许可证号、出口许可证有效截止日期

此处应由发证机关填写，企业请勿填写。

4. 贸易方式

（1）此栏内容有：一般贸易、易货贸易、补偿贸易、进料加工、来料加工、外商投资企业出口、边境贸易、出料加工、转口贸易、期货贸易、承包工程、归还贷款出口、国际展销、协定贸易、其他贸易。

（2）进料加工复出口时，此栏填写“进料加工”。

（3）外商投资企业进料加工复出口时，贸易方式填写“外商投资企业出口”。

（4）非外贸单位出运展卖品和样品每批价值在 5000 元以上的，此栏填写“国际展览”。

（5）各类进出口企业出运展卖品，此栏填写“国际展览”，出运样品填写“一般贸易”。

5. 合同号

（1）申领许可证、报关及结汇时所用出口合同的编码。

（2）展品出运时，此栏应填写外经贸部批准办展的文件号。

6. 报关口岸

报关口岸指出运口岸。

7. 进口国（地区）

进口国指最终目的地，即合同目的地，不允许使用地域名（如欧洲等）。

8. 付款方式

此栏的内容有：信用证、托收、汇付、本票、现金、记账和免费等。

9. 运输方式

此栏可填写海上运输、铁路运输、公路运输、航空运输、邮政运输、固定运输。

10. 商品名称

按外经贸部发布的出口许可证管理商品目录的标准名称填写。

11. 规格等级

（1）用于对所出商品作具体说明，包括具体品种、规格（如水泥标号、钢材品种等）、等级（如兔毛等级）。同一编码商品规格型号超过四种时，应另行填写出口许可证申请表。

（2）出运货物必须与此栏说明的品种、规格或等级相一致。

12. 单位

单位指计量单位。非贸易项下的出口商品，此栏以“批”为计量单位。

13. 数量、单价及总值

（1）数量表示该证允许出口商品的多少。此数值允许保留一位小数，凡位数超出的，一律以四舍五入进位。计量单位为“批”的，此栏均为 1。

（2）单价是指与计量单位相一致的单位价格，计量单位为“批”的，此栏则为总金额。

14. 备注

此处填写以上各栏未尽事宜。

出口许可证一式四联，除第一联为正本外，其余为副本，分别用于：第一联，用于发货人办理海关手续；第二联，由海关留存，进行核对与备案；第三联供银行办理结汇，主要用于托收业务；第四联为发证机关留存。

四、出口许可证格式与内容（样单）

出口许可证样单如图 1-1 所示。

中华人民共和国出口许可证
EXPORT LICENCE OF THE PEOPLE'S REPUBLIC OF CHINA　No.3560778

1. 出口商：Exporter　4403093925108 深圳市红灿达铭贸易有限公司	3. 出口许可证号：Export licence No. 14-41-303806
2. 发货人：Consignor　4403093925108 深圳市红灿达铭贸易有限公司	4. 出口许可证有效截止日期：Export licence expiry date 2014年12月09日
5. 贸易方式：Terms of trade　一般贸易	8. 进口国（地区）：澳大利亚 Country/Region of purchase
6. 合同号：Contract No.　VP-0002	9. 付款方式：Payment　汇付
7. 报关口岸：Place of clearance　上海海关	10. 运输方式：Mode of transport　海上运输
11. 商品名称：Description of goods　硫酸二钠	商品编码：Code of goods 2833110000

12. 规格、等级 Specification	13. 单位 Unit	14. 数量 Quantity	15. 单价 USD Unit price	16. 总值 USD Amount	17. 总值折美元 Amount in USD
Sodium Sulphate	千克	*2,700.0	*1.5000	*4,050	$4,050

第一联（正本）发货人办理海关手续　海关验放签注栏在背面

图 1-1　出口许可证样单

18. 总　计 Total	千克	*2,700.0		*4,050	$4,050
19. 备　注 Supplementary details			20. 发证机关签章 Issuing authority's stamp & signature		
			21. 发证日期 Licence date	2014年06月10日	

中华人民共和国商务部监制（2007）

图 1-1　出口许可证样单（续）

对应出口许可证样本，分 21 个栏目加以说明，如表 1-1 所示。

表 1-1　出口许可证各项说明

项　目	内　容	要点注释
1. 出口商 Exporter	出口公司名称及其编码	企业编码应按外经贸部授权的发证机关编订的代码
2. 发货人 Consignor	常为出口公司名称及其编码	
3. 出口许可证号 Export licence No.	许可证号码	由发证机关编排
4. 出口许可证有效截止日期 Export licence expiry date	出口许可证的有效截止日期	①实行"一批一证"制的商品，其有效期自发证之日起最长为 3 个月； ②其他情况为 6 个月
5. 贸易方式 Terms of trade	合同成交的贸易方式	①贸易方式有：一般贸易、补偿贸易、进料加工贸易、来料加工装配贸易、寄售、代销贸易等； ②应与出口报关单一致
6. 合同号 Contract No.	申领许可证所用出口合同的编码	①原油、成品油及非贸易项下出口可不填合同号； ②展品出运时填外经贸部批准办展的文件号
7. 报关口岸 Place of clearance	即实际装运口岸	应与出口报关单一致
8. 进口国（地区） Country/Region of purchase	最终目的港（地），国家和全称	
9. 付款方式 Payment	合同规定的收款方式	收款方式有：信用证、托收、汇付等
10. 运输方式 Mode of transport	货物离岸时使用的运输方式	运输方式有：海运、公路运输、铁路运输、航空运输、邮政运输等
11. 商品名称和编码 Description of goods code of goods		根据"中华人民共和国海关统计商品目录"规定的商品标准名称和统一编码填写

续表

项　　目	内　　容	要 点 注 释
12．规格、等级 Specification	实际规格	
13．单位 Unit		计量单位按 H.S. 分类规定填写
14．数量 Quantity	实际出运数量	①与发票内容相符； ②非贸易项下的出口商品以“批”为单位； ③单价不得低于出口许可证所允许的单价
15．单价 Unit price	合同成交单价	括号内填写币别
16．总值 Amount	合同成交总额	①应与发票总金额一致； ②括号内填写币别
17．总值折美元 Amount in USD	按外汇牌价折算为美元计入	
18．总计 Total	各栏的合计数分别填入本栏	
19．备注 Supplementary details	写以上各栏未尽事宜	
20．发证机关签章 21．发证日期 Issuing authority's stamp& signature; Licence date		发证机关审核无误后盖章，由授权人签名注明签证日期

技能训练

1．根据所给信息，填制一张出口许可证。

（1）信用证号：2015CK

（2）最后装运期限：NOV.30，2015

（3）受益人：YINGKOU XINRUI IMPORT & EXPORT CO.，LTD31，RENMIN ROAD YINGKOU ,CHINA

（4）起运港：YINGKOU

（5）目的港：KOREA

（6）币种：USD

（7）贸易术语：FOB KOREA

（8）合同号：CL2015

（9）付款方式：L/C AT30 DAYS AFTER SIGHT

（10）HS CODE:87210081

（11）企业代码申报：423648

（12）数量、包装：PACKED IN ONE CARTON OF 100SET EACH

（13）品名规格、单价：MENS JACKET，CURRENCY USD AMOUNT 12000.00，USD100.00/SET

2．样单。

中华人民共和国出口许可证

EXPORT LICENCE OF THE PEOPLE'S REPUBLIC OF CHINA

1.出口商：　编码： Exporter		3.出口许可证号： Export licence No.
2.发货人：　编码： Consignor		4.出口许可证有效截止日期： Export licence expiry date
5.贸易方式： Terms of trade		8.进口国（地区）： Country/Region of importation
6.合同号： Contract No.		9.收款方式： Terms of payment
7.报关口岸： Place of clearance		10.运输方式： Means of transport
11.商品名称： Description of goods		商品编码： Code of goods

12.规格、型号 Specification	13.单位 Unit	14.数量 Quantity	15.单价（） Unit price	16.总值（） Amount	17.总值折美元 Amount in USD
18.总计 Total					

19.备注 Supplementary details	20.发证机关签章 Issuing authority's stamp&signature 21.发证日期 Licence date

对外贸易经济合作部监制（2000）

学习情境二　合同拟定

学习目标

知识目标：了解国际贸易合同的内容及形式；熟悉国际贸易合同的条款。

技能目标：掌握国际贸易合同的拟定方法。

情境导入

张敏所在的外贸公司主要经营服装，经过一段时间的工作，张敏已经对公司业务有了初步的了解。近期公司经理刘杰与韩国 LOTTE 进出口贸易公司经理金灿进行了进一步的洽商。洽谈中刘杰经理将其公司的进出口贸易合同的一般交易条款（包括商检、不可抗力、异议和仲裁等）和公司的产品介绍交给了金灿经理。双方需要签订一份正式的书面合同，对此，张敏需要熟悉相关合同条款，并拟定销售合同一式两份。张敏的工作任务如下：

任务一 熟悉合同条款

任务二 签订合同

任务一　熟悉合同条款

一、品质条款

品质条款是商品说明的重要组成部分，也是交易双方在交接货物时对货物品质界定的主要依据。在出口交易中，表示商品品质主要有用文字说明和用实物样品表示两种方法。

1. 品质条款的基本内容

（1）在凭样品买卖时，合同中除了要列明商品的名称外，还要定明样品的编号，必要时列出寄送的日期。

例 1 玩具熊，货号 123，22 厘米，有帽子和围巾，根据卖方于 2015 年 8 月 20 日寄送的样品。

Art.No.123, 22cm, toy bear, with caps and scarf, as per the samples dispatched by the Seller on Aug.20, 2015.

（2）在凭文字说明买卖时，应根据具体情况在合同中选用规格、等级、标准、牌名、商标或产地等方法进行品质说明。

例 2 花生，水分（最高）10%，杂质（最高）6%，含油量（最低）30%。（如实际装运货物的油量高于或低于规定的 1%，价格应相应增减 1%。）

Peanut, Moisture(max.)10%, Admixture(max.)6%, Oil Content(min.)30%.(Should the oil content of the goods actually shipped be 1% higher or lower, the price will be Accordingly increased or decreased by 1%.)

2. 订立品质条款时的注意事项

（1）根据商品的特性来确定表示的方法。例如，工艺品用样品表示；土特产用产地表示；机电产品用使用说明书、图样表示。

（2）凡能用一种方法表示品质的，一般不宜用两种或两种以上的方法来表示。

（3）品质描述准确具体，科学合理，避免笼统含糊，如大约、左右；又忌绝对化，如棉布无瑕疵。

（4）重视应用品质机动幅度（规定范围、规定极限、规定上下差异）和品质公差（允许交付货物的特定质量指标有在公认的一定范围内的差异），掌握灵活性。

二、数量条款

1. 数量条款的基本内容

合同中的数量条款一般包括商品的具体数量、计量单位及 / 或数量机动幅度的规定。在国际贸易实务中，根据商品的不同性质，通常使用的计量单位有重量、容积、个数、长度、面积和体积六种。其中重量可以按净重、毛重、“以毛作净”、公量和理论重量等方法进行计量。

例 3 中国花生，100 公吨，以毛作净，卖方可溢短装 5%，增减部分按合同价计算

Chinese Peanut, gross for net, 5% more or less at Seller's option at contract price.

2. 订立数量条款时的注意事项

(1) 按重量计算的商品应明确用哪种计重方法，即按毛重、净重或以毛作净等。在合同中未明确按毛重或净重计量时，按惯例应以净重计量。

(2) 使用"约"量时必须注意其机动幅度及适合的情况。

(3) 在使用溢短装条款（规定卖方实际交货数量可增减的百分比条款，也称增减条款）时应注明溢短装部分的百分比、溢短装部分的选择权及溢短装部分的作价原则等。

三、包装条款

1. 包装条款的基本内容

商品的包装条款一般包括包装的材料、包装的方式、包装的费用及包装的标志等内容。

In international standard cartons, 10 cartons on a pallet,10 pallets in a FCL container.

2. 订立包装条款时的注意事项

(1) 规定明确的包装材料，包装方式。不宜笼统的规定，不宜采用"适合海运包装""习惯包装"等字眼，以免引起争议。

(2) 包装费用负担问题。包装费用一般计入货价内，不另计价，但如果买方提出特殊包装要求，额外的包装费用应由买方负担。

(3) 运输标志（唛头）问题。一般由卖方决定，无须在合同中作具体的规定，但如果买方对唛头有具体要求，那么在合同中明确规定唛头的具体样式和内容，并规定提交唛头的具体时间限定，以免延误交货。

(4) 对于一些容易破碎、残损、变质的商品应在外包装上贴上相应指示性标志（如"怕湿""向上""小心轻放""禁止手钩"等），对于危险物品应在外包装上贴上相应警告性标志（如"有毒品""爆炸物""腐蚀性物品"等）。

四、价格条款

1. 价格条款的内容

买卖合同中的价格条款由单价和总额两部分组成。

(1) 单价。单价主要由计价货币、单位货币金额、计量单位、价格术语四部分组成。

例 4 USD 1000 PER M/T CIF New York（每公吨 1000 美元 CIF 纽约）。

（2）总额。总额由阿拉伯数字和币别符号两部分构成。

例 5 USD8,000.00 TOTAL VALUE: US$ 8,000.00(SAY US DOLLARS EIGHT THOUSAND ONLY).

在用文字填写时应适当注意以下三点：

（1）第一个词用"Say"，最后一个词用"Only"。

（2）一般每个单词的第一个字母大写，或者所有字母都大写。

（3）币别也可以写在后面，Say Eight Thousand US Dollars Only。

2. 订立价格条款时的注意事项

（1）单价条款由四个部分组成，即计价的数量、单位价格金额、计价货币和贸易术语等。四者缺一不可，且前后左右顺序不能随意颠倒。

（2）单价与总值的金额要吻合，且币别要保持一致。

（3）计价货币和贸易术语根据实际情况慎重选用。

（4）如果数量允许增加，则合同中的总金额也应有相应的增减。

五、运输条款

1. 运输条款的基本内容

合同中的运输条款主要包括装运时间、装运港或装运地、目的港或目的地，以及分批装运和转运等内容，有的还规定装船通知条款、滞期速遣条款等。

例 6 2016 年 5 月 25 日或 25 日前装运。Shipment on or before/not later than/latest on MAY.25, 2016。

2. 订立运输条款时的注意事项

（1）一般在合同中应明确规定具体的装运时间。避免采用笼统规定近期装运的做法，如"立即装运"（immediate shipment）、"尽快装运"（shipment as soon as possible）、"即刻装运（prompt shipment）"等，这种方法各国解释不一致，容易引起纠纷。

（2）订立装运时间时应考虑货源和船源的实际情况。卖方签合同时，要了解货源、船源情况，避免船、货脱节。同时要考虑运输情况，对有直达船和航次较多的港口，装运期可短一些，对无直达船或偏僻的港口，装运期要长一些。

（3）一般应选择费用低、装卸效率高的港口作为装运港或目的港。考虑装卸港口具体的条件。例如，有无直达班轮航线，有无冰封期，对船舶国籍有无限制等因素。

（4）不接受内陆城市为装运港或目的港的条件，否则我方要承担从港口到内陆城市的运费和风险。

（5）应注意国外港口有无重名，如有重名，应在合同中明确注明港口所在国家或地区的名称。例如，全世界有12个维多利亚，悉尼、波士顿等都有重名的。

（6）对于分批装运的分批时间、分批次数、批量要根据实际货源情况进行订立。

（7）在下列情况下应当规定“允许转船”：

① 目的港无直达船或无固定船期。

② 航次少，间隔长的。

③ 成交量大，而港口拥挤、作业条件差的。

六、保险条款

1. 保险条款的基本内容

合同中的保险条款因不同贸易术语而异。

（1）以 CIF、CIP 术语成交，保险条款一般包括四个方面的内容：由何方办理保险、投保金额、投保险别及以哪一个保险公司保险条款为准等。

例 7 保险由卖方按发票金额的 110%投保一切险和战争险，以中国人民保险公司 1981 年 1 月 1 日海洋货物运输保险条款为准。

Insurance: To be covered by the Seller for 110% of total invoice value against All Risks and War Risk as per the relevant Ocean Marine Cargo Clauses of the People's Insurance Company of China dated Jan.l, 1981.

（2）以 FOB、CFR 或 FCA、CPT 术语成交，合同中的保险条款无须说明具体内容（由买方自行安排），保险条款直接订为“保险由买方办理”即可。

例 8 保险由买方办。

Insurance to be covered by the Buyers.

2. 订立保险条款时的注意事项

买卖双方约定的险别通常为平安险、水渍险、一切险三种基本险别中的一种，还可在此基础上加保一种或若干种附加险。在买卖双方未约定投保险别的情况下，按照 INCOTERMS⑩ 2010 的要求，卖方只需按保险公司的最低险别投保。

七、支付条款

依据不同的付款方式，合同中的支付条款内容和注意事项各异，现分别介绍如下。

1. 汇付条款

为明确责任，防止拖延收付款时间，影响及时发运货物和企业的资金周转，对于使用汇付方式结算货款的交易，在买卖合同中应当明确规定汇付的时间、具体的汇付方式和金额等。

例 9 买方应在 2015 年 9 月 15 日前将 100%的货款以电汇（信汇 / 票汇）方式预付给卖方。

The Buyer shall pay 100% of the sales proceeds in advance by T/T（M/T or D/D) to reach the seller not later than Sep.15, 2015.

2. 托收条款

在采用托收方式时，要具体说明使用即期付款交单、远期付款交单还是承兑交单，注意承兑交单、远期付款交单的风险把握。

各托收条款样例说明如表 2-1 所示。

表 2-1　托收条款样例说明

项　　目	样　　例
即期付款交单托收条款	买方凭卖方开具的即期跟单汇票，于第一次见票时立即付款，付款后交单。 Upon first presentation the Buyers shall pay against documentary draft drawn by the Seller sat sight. The　shipping documents are to be delivered against payment only.
远期付款交单托收条款	买方对卖方出具的见票后××天付款的跟单汇票于第一次提示时予以承兑，并在汇票到期日付款，付款后交单。 The Buyers shall duly accept the documentary draft by the Sellers at … days sight upon first presentation and make payment on its maturity. The shipping documents are to e to be delivered against payment only.
承兑交单托收条款	买方应于第一次提示卖方出具的见票后××天付款的跟单汇票时予以承兑，并在汇票到期日付款，承兑后交单。 The Buyers shall duly accept the documentary draft drawn by the Sellers at …days sight upon first presentation and make payment on its maturity. The shipping documents are to be delivered against acceptance.

3. 信用证条款及注意事项

在国际货物买卖中应对信用证条款进行明确的规定：开证时间、开证银行、受益人、信用证类别、信用证金额、信用证有效期和到期地点等。

各信用证条款样例说明如表 2-2 所示。

表 2-2 信用证条款样例说明

项目	样例
即期信用证	买方应通过为卖方所接受的银行于装运月前××天开立并送达卖方不可撤销即期信用证，有效期至装运月后第 15 天，在中国议付。 The Buyers shall open through a bank acceptable to the Sellers an ilrrevocable Sight Letter of 'Credit to reach the Sellers … days before the month of shipment, valid for negotiation in nChinauntil the 15th day after the month of shipment.
远期信用证	买方应通过为卖方所接受的银行于装运月前××天开立并送达卖方不可撤销见票后 30 天付款的信用证，有效期至装运月后第 15 天，在上海议付。 The Buyers shall open through a bank acceptable to the Sellers an irrevocable Letter OF Credit at 30 days' sight to reach the Sellers… days before the month of shipment, valid fornegotiation in Shanghai until the 15th day after the month of shipment.

八、检验条款

进出口合同中检验条款一般包括下列内容：有关检验权的规定、检验或复验的时间和地点、检验机构、检验检疫证书等。

例 10 买卖双方同意以装运港（地）中国国家质量监督检验检疫总局签发的品质和重量（数量）检验检疫证书作为信用证下议付所提交的单据的一部分，买方有权对货物的品质（数量）进行复验，复验费由买方负担。但若发现品质和 / 或重量（数量）与合同规定不符，买方有权向卖方索赔，并提供经卖方同意的公证机构出具的检验报告。索赔期限为货物到达目的港（地）后 45 天。

It is mutually agreed that the General Administration of Quantity Supervision Inspection and Quarantine of the People's Republic of China at the port of shipment shall be part of the documents to be presented for negotiation under the relevant L/C. The Buyers shall have the right To reinspect the quality and quantity (weight) of the cargo. The reinspection fee shall be borne by the Buyers should the quality and/or quantity(weight)be found not in conformity with that of the contract, the Buyers are entitled to lodge with the Sellers a claim which should be supported by survey reports issued by a recognized surveyor approved by the Sellers. The claim, if any, shall belodged within 45 days after arrival of the cargo at the port of destination.

九、索赔、仲裁与不可抗力条款

1. 索赔条款

国际货物买卖合同中的索赔条款有两种规定方法：一种是异议和索赔条款（discrepancy and claim clause）,另一种是罚金条款（penalty clause）。一般买卖合同中，多数只订异议和索赔条款。异议和索赔条款除规定一方如违反合同，另一方有权索赔外，还包括索赔依据、索赔期限、赔偿损失的办法和赔付金额等。

例 11　买方对货物的任何异议必须于装运货物的船只到达提单指定目的港××天内提出并须提供经卖方同意的公证机构出具的检验报告。

Any claim by the Buyer regarding the goods shall be filed within … days after the arrival of the goods at the port of destination specified in the relative B/L and supported by a survey reportissued by a surveyor approved by the Seller.

2. 仲裁条款

仲裁条款主要包括仲裁地点、仲裁机构、仲裁程序和仲裁裁决的效力等内容。其中仲裁地点的选择是一个关键问题。因为在一般情况下，在何国仲裁即采用何国的仲裁规则或相关法律。在我国的国际贸易实践中，仲裁地点大致有三种订法：

（1）在我国仲裁。

（2）在被告所在国仲裁。

（3）在双方同意的第三国仲裁。

关于裁决的效力，一般应在合同中明确订明：仲裁裁决是终局的，对双方当事人均有约束力。

例 12　凡因执行本合同所发生的或与本合同有关的一切争议，双方应通过友好协商解决。如果协商不能解决，应提交北京中国国际经济贸易仲裁委员会，根据该会的仲裁规则进行仲裁。仲裁裁决是终局的，对双方都有约束力。仲裁费用除仲裁庭另有规定外，均由败诉方负担。

An disputes in connection with this contract or arising from the execution of there, shall beamicably settled through negotiation in case no settlement call be reached between the two parties.The case under disputes shall be submitted to International Economic and trade Arbitration Commission, Beijing, for arbitration in accordance with its Rules of Arbitration.

The arbitralaward is final and binding upon both parties. The arbitration fee shall be borne by the losing partyunless otherwise awarded by the arbitration court.

3. 不可抗力条款

国际货物买卖合同中的不可抗力条款主要包括：不可抗力事件的范围，对不可抗力事件的处理原则和方法，不可抗力事件发生后通知对方的期限和方法，以及出具证明文件的机构等。我国进出口合同中的不可抗力条款主要有以下三种规定方法：

（1）概括式。

（2）列举式。

（3）综合式。综合式方法既明确具体，又有一定的灵活性，是一种较好的方法，我国在实际业务中多采用此法，具体见范例。

例 13 如由于战争、地震或其他不可抗力的原因致使卖方对本合同项下的货物不能装运或迟延装运，卖方对此不负任何责任。但卖方应立即通知买方并于 15 天内以航空挂号函件寄给买方由中国国际贸易促进委员会出具的证明发生此类事件的证明书。

If the shipment of the contracted goods is prevented order Payed in whole or in part by reason of war, earthquake or other causes of Force Majeure, the Seller shall not behable.However, theeller shall notify the Buyer immediately and furnish the letter by registered airmail with a certificate issued by the China Council for the Promotion of International Trade attesting such event or events.

任务二 签订合同

一、合同的形式

合同形式是指当事人合意的外在表现形式，是合同内容的载体。我国《合同法》第十条规定："当事人订立合同，有书面形式、口头形式和其他形式。"

1. 口头形式

合同的口头形式指当事人只有口头语言为意思表示订立合同，而不用文字表达协议内容的合同形式。口头形式优点在于方便快捷，缺点在于发生合同纠纷时难以取证，不易分清责任。口头形式适用于能即时清结的合同关系。

2. 书面形式

书面形式是指当事人以合同书或电报、电传、电子邮件等数据电文形式等各种可以有形地表现所载内容的形式订立合同。书面形式有利于交易的安全，重要的合同应该采用书面形式。书面形式又可分为下列几种形式：

（1）由当事人双方依法就合同的主要条款协商一致并达成书面协议，并由双方当事人的法定代表人或其授权的人签字盖章。

（2）格式合同。

（3）双方当事人来往的信件、电报、电传等也是合同的组成部分。

当事人约定采用书面形式的，应当采用书面形式。在实践中，书面形式是当事人最为普遍采用的一种合同约定形式。

3. 其他形式

这是指上述两种形式之外的订立合同的形式，即以行为方式表示接受而订立的合同。

上述订立合同的三种形式，从总体上来看，都是合同的法定形式，因而均具有相同的法律效力，当事人可根据需要，酌情作出选择。

二、合同内容

国际货物买卖合同的内容通常包括约首、本文和约尾三个部分。

1. 约首部分

约首部分一般包括合同名称、合同编号、缔约双方名称和地址、电话、传真或电子邮件号码、合同签订的日期和地点等内容，通常还写明双方订立合同的意愿和履行合同的保证。

2. 本文部分

本文又称合同的基本条款，是合同的主要组成部分，通常包括品名、质量规格、数量、包装、价格、交货、保险、支付、检验、索赔、不可抗力和仲裁等条款。

3. 约尾部分

约尾部分通常包括合同使用的文字及其效力、合同的份数，附件及其效力，订约双方当事人的签字等内容。

合同一经订立，就成为具有法律效力的文件，对双方都有约束力。在订立书面合同时，应做到内容完备、条款明确、文字严密、条款间相互衔接，且与磋商的内容要一致，以利合同的履行。

知识拓展

外贸中货物进出口业务流程包括交易前准备、磋商和签订合同及履行合同三个阶段。其中，磋商和签订合同及履行合同阶段，存在大量的法律事务问题。货物进出口业务涉及货物很广，有集装箱货物、件杂货和散货、液化货物等区别，也有大宗货物与少量货物的买卖的区别，不同的业务类型所涉及的法律条款和风险会有所不同。

货物进出口类别繁杂，对于一些大宗散货或大型设备等货物的买卖，一些国际组织、著名的商会、行业协会及包括国家的民间团体等都草拟了大量的示范合同供国际货物买卖合同双方自由选用。

（1）国际商会（ICC）为制成品的转卖制定了《国际商会国际销售示范合同》（The ICC Model International Sale Contract）。

（2）波罗的海交易所粮谷饲料贸易协会（GAFTA）为粮谷、饲料的买卖制定了70多个标准合约格式。

（3）联合国欧洲经济委员会对成套设备的买卖及其他如钢铁制品、谷物、软木、马铃薯等的买卖制定了标准合同格式，以《成套设备和机器出口供应一般条件》最为著名。

（4）1999年我国与澳大利亚、新西兰三国政府组织制定了《羊毛交易标准合同》。

（5）2000年我国国际经济贸易仲裁委员会和我国国际商会仲裁研究所也制定了《成套设备进口合同（CIF条件）》。

（6）中日、中德及中韩政府间分别制定了《中日一般货物销售合同条款集》《中德货物销售示范合同》与《中韩货物销售示范合同》供两国有关公司、企业参考。

三、合同书实例

国际货物买卖合同一般金额大，内容繁杂，有效期长，因此许多国家的法律要求采用书面形式。书面合同主要有两种形式，即正式合同（CONTRACT）和合同确认书（CONFIRMATION），虽然其繁简不同，但具有同等法律效力，对买卖双方均有约束力。大宗商品或成交额较大的交易，多采用正式合同；而金额不大，批数较多的小土特产品或轻工产品，或者已订立代理、包销等长期协议的交易多采用合同确认书（也称简式合同）。

无论采用哪种形式，合同抬头应醒目注明 SALES CONTRACT 或 SALES CONFIRMATION（销售合同或确认书）等字样。一般来说，出口合同的格式都是由我方（出口公司）事先印制好的，因此有时在 SALES CONFIRMATION 之前加上出口公司名称或公司的标志等（我外贸公司进口时也习惯由我方印制进口合同）。交易成立后，寄交买方签署（countersign），作为交易成立的书面凭据。

实例体验

YINGKOU XINRUI

IMPORT & EXPORT CO., LTD

51,HAIBIN ROAD YINGKOU,CHINA

销售确认书

SALES CONFIRMATION DATE: MAR.10，2015

S/C NO.：YK2016

电话 TEL：0417-6250474

传真 FAX：0417-6250474

TO MESSRS:

LOTTE COMPANY

TTY57-4, BUSAN,KOREAN

兹经买卖双方同意成交下列商品，订立条款如下：

THE UNDERSIGNED SELLERS AND BUYERS HAVE AGREED TO CLOSE THE FOLLOWING TRANSACTION ACCORDING TO THE TERMS AND CONDITIONS STIPULATED BELOW：

唛头 SHIPPING MARK	货物描述及包装 DESCRIPTION OF GOODS,PACKING	数量 QUANTITY	单价 UNIT PRICE	总值 AMOUNT
L.C YK2016 BUSAN C/NO.1-UP	COTTONS SHIRT S M L PACKED IN ONE CARTON OF 10SET EACH	300PCS 200PCS 100PCS	CFR BUSAN USD 10.00 USD 13.00 USD 15.00	USD 3000.00 USD 2600.00 USD 1500.00
TOTAL		600PCS		USD 7100.00

装运港 LOADING PORT :YINGKOU PORT

目的港 DESTINATION: BUSAN PORT

装运期限 TIME OF SHIPMENT:LATEST DATE OF SHIPMENT OCT.30，2016

付款条件 TERMS OF PAYMENT: IRREVOCABLE L/C AT SIGHT

分批装运 PARTIAL SHIPMENT : NOT ALLOWED

转船 TRANSHIPMENT: NOT ALLOWED

保险 INSURANCE: TO BE EFFECTED BY SELLERS FOR 120% OF FULL INVOICE VALUE COVERING ALL RISKS AND WAR RISK.

买方 THE BUYER: 金灿　　卖方 THE SELLER: 刘杰

LOTTE COMPANY　　营口新锐进出口公司

YINGKOU XINRUI I/E CORP.

技能训练

1. 根据下面资料，草拟一份销售合同。

（1）卖方：大连进出口有限公司。

大连市中山区民主路 55 号　电话：0411-6578823

传真：0411-6578824

（2）买方：JAPAN TOKYO TRADE CORPORATION

365 KAWARA MACH TOKYO JAPAN

（3）货名：全棉毛毯（COTTON BLANKET）。

（4）数量：ART No.H666　500 PCS

ART No.HE21　500 PCS

ART No.HH46　500 PCS

（5）包装：PACKED IN ONE CARTONO OF 10 PCS EACH.

（6）价格：ART No.H666　USD 5.50/PC

ART No.HE21　USD 4.80/PC

ART No.HH46　USD 5.00 /PC

（7）支付方式：不可撤销跟单远期信用证（AFTER 60 DAYS SIGHT）。

（8）开证时间：2016 年 9 月 20 日前将不可撤销跟单运期信用证开到买方。

（9）交货时间：不迟于 2016 年 10 月 31 日。

（10）分批装运：允许。

（11）转运：允许。

（12）装运港：大连。

（13）目的港：东京。

（14）保险：按发票金额 110%投保中国人民保险公司海洋货物运输险一切险。

（15）合同号：HXD050264。

要求：请以单证员的身份根据上述资料拟定一份销售合同书，要求格式完整，内容正确签署。

2．根据上述资料拟定下述合同：

销售合同　　S/C NO.：

SALES　CONTRACT　　DATE：

卖方 SELLER:

买方 BUYER:

兹经买卖双方同意成交下列商品，订立条款如下：

THE UNDERSIGNED SELLERS AND BUYERS HAVE AGREED TO CLOSE THE FOLLOWING TRANSACTION ACCORDING TO THE TERMS AND CONDITIONS STIPULATED BELOW：

唛头 SHIPPING MARK	货物描述及包装 DESCRIPTION OF GOODS,PACKING	数量 QUANTITY	单价 UNIT PRICE	总值 AMOUNT
TOTAL				

LOADING PORT :

DESTINATION:

TIME OF SHIPMENT:

TERMS OF PAYMENT:

PARTIAL SHIPMENT :

TRANSHIPMENT:

INSURANCE:

Remarks:

1. The buyer shall have the covering letter of credit reach the Seller 30 days before shipment, failing, which the Seller reserves the right to rescind without further notice, or to regards still valid whole or any part of this contract not fulfilled by the Buyer, or to lodge a claim forlosshus sustained, if any.

2. In case of any discrepancy in quality, claim should be filed by the Buyer within 130 day safier the arrival of the goods at port of destination; while for quantity discrepancy, claim should be filed by the Buyer within I50 days after the arrival of the goods at port of destination.

3. For transactions concluded on C.I.F. basis, it is understood that the insurance amount will.be for 110% of the invoice value against the risks specified in the Sales Confirmation. If additional insurance amount or coverage required, the Buyer must have the consent of the Seller before Shipment, and the additional premium is to be borne by the Buyer.

4. The Seller shall not hold liable for non-delivery or delay in delivery of the entire lot or apportion of the goods hereunder by reason of natural disasters, war or other causes of Force.

5. Majeure, However, the Seller shall notify the Buyer as soon as possible=and furnish the Buyer within 15 days by registered airmail with a certificate issued by the China Council for the Promotion of International Trade attesting such event(s).

6. All deputies arising out of the performance of, or relating to this contract, shall be settled through negotiation. In case no settlement can be reached through negotiation, the case shall then be submitted to the China International Economic and Trade Arbitration Commission for arbitration in accordance with its arbitral ruks. The arbitration shall take place in Shanghai. The arbitral award is final and binding upon both parties.

7. The Buyer is requested to sign and return one copy of this contract immediately after contract immediately after receipt of the same. Objection, if any, should be raised by the Buyer within 3 working days, otherwise it is understood that the Buyer has accepted the terms and conditions of this contract.

8. Special conditions，These shall prevail over all printed terms m case of any conflict.

买方 THE BUYER：　　　　　　　　　　卖方 THE SELLER：

学习情境三　信用证业务

学习目标

知识目标：了解信用证的含义、特点及相关当事人之间的对应关系；

　　　　　掌握审证的依据和步骤，熟悉改证的方法和技巧。

能力目标：能根据外贸合同审出信用证中的问题条款，并提出修改建议。

情境导入

主要人物：刘杰：新锐进出口贸易公司出口部经理

　　　　　张敏：新锐进出口贸易公司出口部单证员

　　　　　金灿：韩国 LOTTE 进出口贸易公司经理

　　　　　崔娜娜：大韩银行国际业务部主管

经过一段时间的工作，张敏已经对公司业务有了初步的了解。近期公司经理刘杰与韩国 LOTTE 进出口贸易公司经理金灿签订了一笔出口服装的合同。合同中要求采用信用证的支付方式。随后，韩国 LOTEE 进出口贸易公司在合同规定的开证时间内，通过大韩银行及时向营口新锐进出口贸易公司开来本交易项下的不可撤销跟单信用证。营口新锐进出口贸易公司需对信用证进行认真审核，张敏作为单证员要完成信用证的审核及修改工作。对不符合出口合同规定或不能接受的信用证条款提出修改意见。对此，买卖双方的具体任务如下：

任务一　信用证知识认知

任务二　开立信用证

任务三　审核、修改信用证

任务一　信用证知识认知

信用证是我国现阶段的对外贸易中使用最普遍的付款方式，由于这种付款方式既安全又快捷，使其自问世以来在国际贸易中得到了广泛应用。

一、信用证的含义

信用证（Letter of Credit，L/C），是开证行根据开证申请人的请求以开证行自身的名义向受益人开立的在一定金额和一定期限内凭规定的单据承诺付款的书面文件。简言之，信用证是一种银行开立的有条件的承诺付款的书面文件。信用证是银行作出的有条件的付款承诺，属于银行信用。其当事人主要包括：

（1）开证申请人（Applicant），指向银行申请开立信用证的人，一般为进口商。

（2）开证行（Opening Bank，Issuing Bank），指接受开证申请人的委托，开立信用证的银行。

（3）通知行（Advising Bank，Notifying Bank），指受开证行的委托将信用证转交出口商（受益人）的银行。它只证明信用证的真实性，并不承担其他义务。

（4）受益人（Beneficiary），指信用证上指明有权使用该证的人，一般为出口商。

（5）议付行（Negotiating Bank），指愿意买入或贴现受益人交来跟单汇票和单据的银行。议付行可以是指定的银行，也可以是非指定的银行。

（6）付款行（Paying Bank，Drawee Bank），指信用证上指定的付款银行。如果信用证未指定付款行，开证行即为付款行。

信用证的当事人除上述六个之外，根据需要还可以涉及的当事人有保兑行（Confirming Bank）、偿付行（Reimbursement Bank）、承兑行（Accepting Bank）和转让行（Transferring Bank）等。

二、信用证的内容

信用证并无统一格式。不过其主要内容基本相同，大体有以下几项：

（1）信用证自身的说明，包括信用证的种类、性质、编号、金额、开证日期、交单期、有效期及到期地点、当事人和地址等。

（2）货物的品名、品质、规格、数量、包装、运输标志、单价、总金额等。

（3）运输要求，包括装运期限、装运港、目的港、运输方式、可否分批装运或转运等。

（4）单据的要求，包括单据的名称、内容、份数和种类等。

（5）特殊条款。根据进口国政治经济贸易情况的变化或每一笔具体业务的需要，可作出不同的规定。

（6）开证行对受益人和汇票持有人保证付款的责任文句。

信用证内容如图 3-1 所示。

Formatted incoming SWIFT message MT

Own BIC / TID	:II: ICBKCNBJGDG BIC identified as: ICBC, GUANGDONG PROVINCIAL BR. BANKING BUILDING, FLOOR 8: 137, YANJIANGXI 510120 GUANGZHOU,China
SWIFT Message Type	:MT: 700 Issue of Documentary Credit
Correspondents BIC / TID	:IO: ISBKTRISXXX BIC identified as: TURKIYE IS BANKASI A.S. SEFAKOY BR. HALKALI CAD. NO.114 34620 SEFAKOY ISTANBUL,Turkey
Sequence of Total	:27: 1/1
Form of Documentary Credit	:40A: IRREVOCABLE
Documentary Credit Number	:20: 1256SL801161
Date of Issue	:31C: 2012.06.03
Applicable Rules	:40E: UCPURR LATEST VERSION
Date and Place of Expiry	:31D: 2012.09.05 AT OUR COUNTERS
Applicant	:50: CITILEASE FINANSAL KIRALAMA A.S. INKILAP MAH.O.FAIK ATAKAN CAD. NO:3 KAT:3 UMRANIYE ISTANBUL TEL:02165245000 FAX:2165246383
Beneficiary	:59: /GUANGDONG TEXTILES IMPORT AND EXPORT RAW MATERIAL AND ACCESSORIES CO.LTD.12/F GUANGDONG TEXTILES MANSION 168 XIAO BEI ROAD GUANGZHOU 510045 CHINA TEL:008613316316156
Currency Code, Amount	:32B: USD 37,600.00
Available with ... By ...	:41A: ICBKCNBJGDG BIC identified as: ICBC, GUANGDONG PROVINCIAL BR. BANKING BUILDING, FLOOR 8: 137, YANJIANGXI 510120 GUANGZHOU,China BY PAYMENT
Partial Shipments	:43P: NOT ALLOWED
Transshipment	:43T: ALLOWED
Port of Loading/Airport of Departure	:44E: ANY PORT IN CHINA
Port of Discharge/Airport of Destination	:44F: KUMPORT/ISTANBUL/TURKIYE
Latest Date of Shipment	:44C: 2012.08.15
Description of Goods and/or Services	:45A:

1 SET MX-B150FA AIR BUBBLE ALUMINIZED FILM LAMINATED MACHINE WITH ALL STANDART ACCESSORIES AS PER PROFORMA INVOICE DD.120508 NO:20120508
DELIVERY TERMS:CIF KUMPORT ISTANBUL

Documents Required :46A:

1)3ORG/3CO SIGNED COMM.INV.CERTIFYING ISSUANCE IN CONFORMITY WITH PROFORMA INVOICE DATED 08/05/2012 NO:20120508 REGARDING QUALITY QUANTITY AND UNIT PRICE.WEIGHT,SERIAL NUMBER OF THE GOODS SHOULD BE MENTIONED ON THE COMMERCIAL INVOICE.

printed by CHENC on 2012.06.04 at 15:17:24 page 1 of 4

2012 6 4

图 3-1 信用证内容

知识拓展

SWIFT 信用证简介

SWIFT 信用证是“Society for Worldwide Interbank Financial Telecommunications”（全球银行间金融电讯协会）的简称。该组织于 1973 年在比利时成立，协会已有 209 个国家的 9000 多家银行、证券机构和企业客户参加，通过自动化国际金融电讯网办理成员银行间资金调拨、汇款结算、开立信用证、办理信用证项下的汇票业务和托收等业务。SWIFT 有自动开证格式，在信用证开端标着 MT700、MT701 代号。SWIFT 成员银行均参加国际商会，遵守 SWIFT 规定，使用 SWIFT 格式开立信用证，其信用证则受国际商会 UCP600 条款约束。所以通过 SWIFT 格式开证，实质上已相当于根据 UCP600 开立信用证。SWIFT 的使用，为银行的结算提供了安全、可靠、快捷、标准化、自动化的通信业务，从而大大提高了银行的结算速度。SWIFT 实行会员制，我国的大多数专业银行都是其成员。SWIFT 的费用相对较低，同样多的内容，SWIFT 的费用只有 TELEX（电传）的 18%左右，CABLE（电报）的 2.5%左右。SWIFT 的安全性较高，它使用的密押比电传的密押可靠性强、保密性高，且具有较高的自动化水平。SWIFT 的格式具有标准化，对于 SWIFT 电文，SWIFT 组织有着统一的要求和标准格式。

MT700 是由开证行发送给通知行，用来列明发报行（开证行）开立的跟单信用证条款的报文格式。当跟单信用证内容超过 MT700 报文格式的容量时，可以使用几个（最多三个）MT701 报文格式传送有关跟单信用证条款。

SWIFT 信用证格式注释如表 3-1 所示。

表 3-1　MT700　Issue of a Documentary Credit

M/O 项目类型	Tag 代号	Field Name 栏位名称	Content/Options 内容
M	27	Sequence of Total 合计次序	信用证的页次
M	40A	Form of Documentary Credit 跟单信用证类别	信用证的类型
M	20	Documentary Credit Number 信用证号码	开证行编制的流水号
O	23	Reference to Pre-Advice 预通知的编号	预先通知号码
O	31C	Date of Issue 开证日期	信用证开立的日期

续表

M/O 项目类型	Tag 代号	Field Name 栏位名称	Content/Options 内容
M	31D	Date and Place of Expiry 到期日及地点	信用证规定的最迟提交单据的日期和地点
O	51a	Applicant Bank 申请人的银行	开立信用证的银行的名称和代码
M	50	Applicant 申请人	一般为进口商的名称和地址
M	59	Beneficiary 受益人	一般为出口商的名称和地址
M	32B	Currency Code, Amount 币别代号、金额	开证行承担付款责任的最高限额和币种
O	39A	Percentage Credit Amount Tolerance 信用证金额加减百分比	信用证金额上下浮动允许的最大范围，如5/5，表示上下浮动最大为5%
O	39B	Maximum Credit Amount 最高信用证金额	信用证最大限制金额
O	39C	Additional Amounts Covered 可附加金额	额外金额，表示信用证所涉及的保险费、利息、运费等金额
M	41A	Available With...By... 向……银行押汇，押汇方式为……	指定的有关银行及信用证总付的方式
O	42C	Drafts at... 汇票期限	汇票付款日期，必须与42A同时出现
O	42A	Drawee 付款人	汇票付款人名称，必须与42C同时出现
O	42M	Mixed Payment Details 混合付款指示	混合付款条款
O	42P	Deferred Payment Details 延迟付款指示	迟期付款条款
O	43P	Partial Shipments 分批装运	表示该信用证的货物是否可以分批装运
O	43T	Transshipment 转运	表示该信用证是直接到达，还是通过转运到达
O	44A	Loading on Board/Dispatch/Taking in Change at/from... 由……装船/发运/接管地点	装船、发运和接收监管的地点
O	44B	For Transportation to... 装运至……	货物发运的最终地
O	44C	Latest Date of Shipment 最后装运日	装船的最迟日期，44C与44D不能同时出现
O	44D	Shipment Period 装运期间	船期

续表

M/O 项目类型	Tag 代号	Field Name 栏位名称	Content/Options 内容
O	45A	Description of Goods and/or Services 货物描述及/或交易条件	（货物描述）货物的情况、价格条款
O	46A	Documents Required 应具备单据	各种单据的要求
O	47A	Additional Conditions 附加条件	特别条款
O	71B	Charges 费用	表明费用是由受益人（出口商）出，如果没有这一条，表示除了议付费、转让费以外，其他各种费用由开信用证的申请人（进口商）支付
O	48	Period for Presentation 交单期限	信用证项下全套单据必须提交的期限
M	49	Confirmation Instructions 保兑指示	开证行是否要求保兑的指示
O	53A	Reimbursement Bank 清算银行	偿付行
O	78	Instructions to the Paying/Accepting/Negotiation Bank 对付款/承兑/议付银行之指示	开证行对付款行、承兑行、议付行的指示
O	57A	"Advise Through" Bank 通知银行	通知行
O	72	Sender to Receiver Information 银行间的通知	附言

三、信用证的特点

1. 开证行是第一付款人

信用证支付方式是一种银行信用，由开证行以自己的信用作出付款保证，开证行提供的是信用而不是资金，其特点是在符合信用证规定的条件下，首先由开证行承担“承付”（承兑或付款）的责任。《UCP600》第七条明确规定：“只要规定的单据提交给指定银行或开证行，并且构成相符交单，则开证行必须承付。”开证行也可授权另一银行（称指定银行）进行付款或承兑该汇票，但如果该指定银行未按时承付，则开证行要承付，即开证行承担第一付款人的责任。

2. 信用证是一项独立文件

信用证虽以贸易合同为基础，但它一经开立，就成为独立于贸易合同之外的另一种契约。贸易合同是买卖双方之间签订的契约，只对买卖双方有约束力；信用证则是开证行与受益人之间的契约，开证行和受益人及参与信用证业务的其他银行均应受信用证的约束。但这些银行当事人与贸易合同无关，故不受合同的约束。对此，《UCP600》第四条明确规定：“就性质而言，信用证与可能作为其开立依据的销售合同或其他合同之间，是相互独立的交易。即使信用证中提及该合同，银行亦与该合同完全无关，且不受其约束。因此，一家银行作出兑付、议付或履行信用证项下其他义务的承诺，并不受申请人与开证行之间或与受益人之间在已有关系下产生的任何索偿或抗辩的制约。”

3. 信用证业务处理的是单据

《UCP600》第五条明确规定：“银行处理的是单据，而不是单据可能涉及的货物、服务或履约行为。”由此可见，信用证业务是一种纯粹的凭单据付款的单据业务。《UCP600》在第十四条和第三十四条对此作出了进一步的规定和说明，也就是说，仅以单据为基础，以决定单据在表面上看来是否构成相符交单，只要单据在表面上构成相符交单，银行就得凭单据承付。因此，单据成为银行付款的唯一依据，也就是说，银行只认单据是否构成相符交单，而“对任何单据的形式、充分性、准确性、内容真实性、虚假性或法律效力，或对单据中规定或添加的一般或特殊条件，概不负责；银行对任何单据所代表的货物品质、数量、包装等或其存在与否，相关当事人诚信与否，作为或不作为、资信状况等情况，也概不负责”。所以，在使用信用证支付的条件下，受益人要想安全、及时收到货款，必须做到“表面上相符交单”。

四、L/C 支付的一般程序

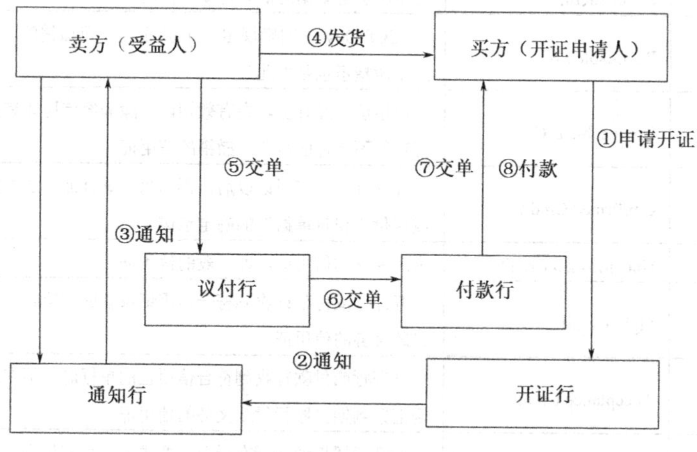

图 3-2　信用证的业务程序

解读：

（1）买卖双方约定以信用证方式进行结算；并向开证行申请开立信用证。

（2）开证行接受开证申请书后，根据申请开立信用证，正本寄给通知行，指示其转递或通知出口商。

（3）由通知行转递信用证或通知出口方信用证已到。通知行在开证行要求或授权下对信用证加以保兑。

（4）出口商认真核对信用证是否与合同相符，如果不符，可要求进口商通过开证行进行修改，待信用证无误后，出口商根据信用证备货、装运、开立汇票并缮制各类单据，船运公司将装船的提单交予出口商。

（5）出口商将单据和信用证在信用证有效期内交予议付行，议付行审查单据符合信用证条款后接受单据并付款，若单证不符，可以拒付。

（6）议付行将单据寄送开证行或指定的付款行，向其索偿。

（7）付款行向买方交单。

（8）买方向付款行付款赎单。

五、信用证的种类

信用证的种类如表 3-2 表示。

表 3-2 信用证的种类

种 类	英文表示	详 解
跟单信用证	Documentary Credit	凭跟单汇票或仅凭单据付款的信用证
光票信用证	Clean Credit	凭不附货运单据的汇票付款的信用证
可撤销信用证	Revocable L/C	《UCP600》中明确规定，“信用证是不可撤销的，即使信用证中对此未做指示也是如此”
不可撤销信用证	Irrevocable L/C	信用证一经开出，在有效期内，除非经信用证有关当事人同意，开证行不能片面修改或撤销的信用证
保兑信用证	Confirmed Credit	开证行开出信用证以后，再由另一家开证行之外的银行作出承付或议付“相符单据”的确定承诺
不保兑信用证	Unconfirmed Credit	未经保兑的信用证，即一般的信用证
即期信用证	Sight Credit	开证行或付款行收到符合信用证条款的汇票和单据后，立即履行付款义务的信用证
承兑信用证	Acceptance Credit	开证行或付款行收到符合信用证的单据时，不立即付款，而是等到汇票到期日履行付款义务的信用证
可转让信用证	Transferable Credit	开证行授权通知行在受益人要求下，可将信用证的全部或一部分金额转让给一个或数个第二受益人，即受让人
不可转让信用证	Nontransferable Credit	受益人不得将所持信用证的权利转让给任何人的信用证

续表

种　类	英文表示	详　解
循环信用证	Revolving Credit	受益人在一定时间内使用完规定的金额后，重新恢复信用证原金额再度使用，直至达到规定的时间、次数或余额为止的信用证
对背信用证	Back to Back Credit	中间商收到进口方开来的信用证后，要求该证的通知行或其他银行以原证为基础另开立一张内容近似的新证给供货人，另开的新证称为对背信用证
对开信用证	Reciprocal Credit	在以一种出口货物交换另一种进口货物，货款需要逐笔平衡时，交易双方互相开立的信用证为对开信用证
预支信用证	Prepaid Credit	开证行授权付款行，允许出口商在装货交单前支取全部或部分货款的信用证
备用信用证	Stand by L/C	代表开证行对受益人承担一项义务的凭证。备用信用证是一种特殊形式的信用证

任务二　开立信用证

以信用证方式进行结算的进口贸易业务中，开立信用证是履行进口合同的第一步，进口商必须在进口合同签订后，及时到银行办理信用证申请手续，以便国外客户（出口商）及时收到信用证，履行合同交货义务。

一、申请开证的程序

解读：

（1）进口商向银行申请开证要依照合同各项有关规定填写开证申请书，并交付押金或其他保证金。

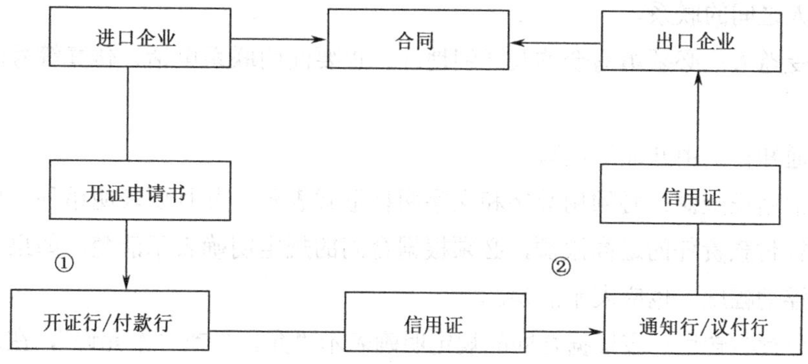

图 3-3　申请开立信用证阶段的单证流转图

（2）开证行根据申请书要求开立信用证，正本寄送通知行，副本交进口企业。

① 递交有关合同的副本及附件：进口商在向银行申请开证时，要向银行递交进口合同的副本及所需附件，如进口许可证、进口配额证、某些部门审批文件等。

② 填写开证申请书：进口商根据银行规定的统一开证申请书格式，填写一式三份，一份留业务部门；一份留财务部门；一份交银行。填写开证申请书，必须按合同条款的具体规定写明信用证的各项要求，内容要明确、完整，无词意不清的记载。

③ 缴纳保证金：按照国际贸易的习惯做法，进口商向银行开立信用证，应向银行缴付一定比例的保证金，其金额一般为信用证金额的百分之几到百分之几十，一般根据进口商的资信情况而定。在我国的进口业务中，开证行根据不同企业和交易情况，要求开证申请人缴付一定比例的人民币保证金，然后银行才开证。

④ 支付开证手续费。进口人在申请开证时，必须按规定支付一定金额的开证手续费（一般为 0.15%）。

二、信用证申请书的填制

信用证申请书的格式和内容各银行印制的大同小异，本书以中国银行的格式为例，简单介绍申请人填制的内容、方法及注意事项。

（1）申请开证日期：在申请书右上角。

（2）传递方式：有四种，即信开（航空邮寄）、电开（电报）、快递、简电后随寄电报证实书，需要哪一种方式，在前面方框中打“×”，如选择信开航空邮寄，在“Issue by airmail”前的方框中打“×”。

（3）信用证性质：不可撤销跟单信用证已印制好，如要增加保兑或可转让等内容，可加上。信用证号码由开证行填写。信用证有效期及到期地点，由申请人填写。

（4）申请人：必须填写全称及详细地址，还要注明联系电话、传真等号码，便于有关当事人之间的联系。

（5）受益人：必须填写全称及详细地址，也要注明联系电话、传真等号码，便于联系。

（6）通知行：由开证行填写。

（7）信用证金额：必须用数字和文字两种形式表示，并且要表明币种。信用证金额是开证行付款责任的最高限额，必须根据合同的规定明确表示清楚，如果有一定比率的上下浮动幅度，也应表示清楚。

（8）分批与转运：应根据合同的规定明确表示“允许”或“不允许”，在选择的项目前方框中打“×”。

(9) 装运条款：应根据合同规定填写装运地（港）及目的地（港），最晚装运日期，如有转运地（港）也应写清楚。

(10) 价格术语：有 FOB、CFR、CIF 及“其他条件”四个备选项目，根据合同成交的贸易术语在该项前方框中打“×”，如是其他条件，则在该项目后面写明。

(11) 付款方式：信用证有效兑付方式有四种选择——即期支付、承兑支付、议付、延期支付，应根据合同规定，在所选方式前的方框中打“×”。

(12) 汇票要求：应根据合同的规定，填写信用证项下应支付发票金额的百分之几。如合同规定所有货款都用信用证支付，则应填写信用证项下汇票金额是发票金额的100%；如合同规定该笔货款由信用证和托收两种方式支付，各支付 50%，则应填写信用证项下汇票金额是全部发票金额的 50%；依此类推。另外，还应填写汇票的支付期限，如即期、远期，如是远期汇票，必须填写具体的天数，如 30 天、60 天、90 天等。最后是填写付款人，根据《UCP600》的规定，信用证项下汇票的付款人必须是开证行或指定付款行。

(13) 单据条款：印制好的单据要求共 11 条，其中第 1 条到第 11 条是针对具体的单据，第 12 条是“其他单据”，即以上 11 种单据以外的单据要求，可填在第 12 条中，有几条可顺序添加几条。填制单据条款时应注意：

① 在所需单据前的括号里打“×”。

② 在该单据条款后填上具体的要求，如一式几份，应包括什么内容等，印制好的要求不完整，可在该单据条款后面填写清楚。

③ 申请人必须根据合同规定填写单据条款，既不可随意提出超出合同规定的要求，也不能降低或减少合同规定的要求。

(14) 合同项下的货物包括：货物的名称、规格、数量、包装、单价条款、唛头等。所有内容必须与合同规定一致，尤其是单价条款、数量条款不得有误。包装条款如有特殊要求的，如包装规格、包装物的要求等，应具体、明确表示清楚。

(15) 附加条款：印制好的有 6 条，其中第 1 条至第 6 条是具体的条款要求，如需要可在前面括号里打“×”，内容不完整的，可根据合同规定和买方的需要填写清楚，第 7 条是“其他条款”，即以上 6 条以外还有附加条款的可填在该条款中，有几条可顺序添加几条。

(16) 申请书下面是有关申请人的开户银行、账户号码、执行人、联系电话、申请人签字等内容。

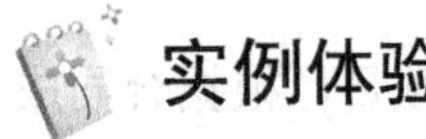

实例体验

IRREVOCABLE DOCUMENTARY CREDIT APPLICATION

TO：Bank of China　　　　Date: SEP.28.2015

<table>
<tr><td colspan="2">Beneficiary (full name and address)
YINGKOU XINRUI　IMPORT & EXPORT CO., LTD
51,RENMIN ROAD YINGKOU ,CHINA</td><td>L/C NO.
Ex-Card No.（快递单号码）
Contract No.　　YK2016</td></tr>
<tr><td colspan="2"></td><td>Date and place of expiry of the credit
JULY.20,2014 CHINA</td></tr>
<tr><td>Partial shipments
☐allowed☒not allowed</td><td>Transshipment
☐allowed　☒not allowed</td><td rowspan="2">☐Issue by airmail 信开☐With brief advice by teletransmission 简电
☐Issue by express delivery 快递
☒Issue by teletransmission(which shall be the operative instrument) 电传</td></tr>
<tr><td colspan="2" rowspan="2">Loading on board / dispatch / taking in charge at / from
DALIAN
Not later than　OCT.30，2015
for transportation to BUSAN</td></tr>
<tr><td>Amount (both in figures and words)
USD 7100.00
SAY U.S.DOLLARS SEVEN THOUSAND AND ONE HUNDRED ONLY</td></tr>
<tr><td colspan="2" rowspan="2">Description of goods:
Men's Jacket
Packing:PACKED IN ONE CARTON
OF 100SET EACH</td><td>Credit available with
☐ by sight payment　☐ by acceptance
☐ by negotiation
☐ by deferred payment at
against the documents detailed herein
☒ and beneficiary's draft for　100 % of the invoice value
At USD 7100.00
on 30 DAYS AFTER SIGHT</td></tr>
<tr><td>☐ FOB　☐CFR　☒CIF
☐ or other terms</td></tr>
<tr><td colspan="3">Documents required: (marked with ×)
1 .(×) Signed Commercial Invoice in3copies indicating invoice no., contract no.CL2015
2. (×) Full set of clean on board ocean Bills of Lading made out to order and blank endorsed,　marked　“freight (　) to collect / (×) prepaid (　) showing freight amount” notifying
3. (　) Air Waybills showing "freight (　) to collect / (　) prepaid (　) indicating freight amount" and consigned to _
4. (　) Memorandum issued by ________________ consigned to __________
5. (　) Insurance Policy / Certificate in copies for % of the invoice value showing claims payable in China in currency of the draft, blank endorsed, covering (　) Ocean Marine Transportation / (　) Air Transportation / (　) Over Land Transportation(　) All Risks, War Risks.</td></tr>
</table>

6. (×) Packing List / Weight Memo in3copies indicating quantity / gross and net weights of each package and packing conditions as called for by the L/C.

7. ( ) Certificate of Quantity / Weight in copies issued by an independent surveyor at the loading port, indicating the actual surveyed quantity / weight of shipped goods as well as the packing condition.

8. (×) Certificate of Quality in3copies issued by (×) manufacturer / ( ) public recognized surveyor / ( )

9. (×) Beneficiary's certified copy of FAX dispatched to the accountee with 1 days after shipment advising (×) name of vessel/ ( ) date, quantity, weight and value of shipment.

10. ( ) Beneficiary's Certificate certifying that extra copies of the documents have been dispatched according to the contract terms.

11. ( ) Shipping Companies Certificate attesting that the carrying vessel is chartered or booked by accountee or their shipping agents:

12. ( ) Other documents, if any:

a) Certificate of Origin in copies issued by authorized institution.

b) Certificate of Health in copies issued by authorized institution.

Additional instructions:

1. (×) All banking charges outside the opening bank are for beneficiary's account.

2. (×) Documents must be presented with 15 days after the date of issuance of the transport documents but within the validity of this credit.

3. (×) Third party as shipper is not acceptable. Short Form / Blank Back B/L is not acceptable.

4. ( ) Both quantity and amount % more or less are allowed.

5. ( ) prepaid freight drawn in excess of L/C amount is acceptable against presentation of original charges voucher issued by Shipping Co. / Air line / or it's agent.

6. ( ) All documents to be forwarded in one cover, unless otherwise stated above.

7. ( ) Other terms, if any:

Acount No.: 1100 6125 6018 0100 14088 with Bank of Korea (name of bank)

Transacted by: LOTTEE IMPORTAND EXPORT COMPANY Applicant: name, signature of authorized person)

Tele phone no.: 0417-6250474 ZHANG MIN (with seal)

任务三　审核、修改信用证

一、通知行审核信用证

通知行收到信用证后，应立即审核开证行的业务往来情况、政治背景、资信能力、付款责任和索汇路线等，同时鉴别信用证的真伪。审查无误，则在信用证正本上加盖“证实书”戳印，并将其随信用证通知书交出口方审核。

二、受益人审核信用证

受益人收到信用证后，应对照买卖合同逐条审核信用证，包括修改书，如有与合同不符的内容要争取修改。受益人对信用证的审核主要有以下内容。

1. 对信用证性质的审核

由于信用证的性质直接关系到我方能否安全收汇，因此，受益人应注意对信用证性质（如可转让性等）的审核。

2. 对信用证规定的品质、数量、包装的审核

信用证就商品名称、品质、数量、包装的规定须与合同一致，如发现与合同规定不符，我方又不能接受的，应立即要求对方改证。

3. 对信用证金额、货币的审核

信用证金额与货币应与合同金额一致，如合同定有溢短装条款，信用证金额也有相应的增减。

4. 对信用证规定单据的审核

对信用证中所要求提供的单据种类、填写内容、文字说明、文件份数、填写方法等都要认真审核。凡是信用证中要求的单据与我国政策相抵触或根本办不到的，应及时与对方联系修改。

5. 对信用证有效期、到期地点、装运期的审核

装运期必须与合同规定的时间相一致。如因来证太晚或发生意外情况而不能按时装运，应及时电请买方展延装运期限。如来证仅规定有效期而未规定装运期时，信用证的有效期可视为装运期；来证的有效期和装运期是同一个时期，即为“双到期”的信用证，按我方能否按时装运来决定是否让对方修改有效期；一般来说，信用证的有效期与装运期一般都有一定的合理时间间隔，以便装船发运货物后有充足的时间办理制单、结汇工作。到期地点一般都要求在我国境内，如规定到期地点在国外，因不好掌握寄单时间，一般不轻易接受。

三、信用证软条款的审核

1. 软条款的概念

信用证中的“软条款”（Soft Clause），在我国有时也称为“陷阱条款”（Pitfall Clause），是指在不可撤销信用证中加列一种条款，使出口商不能如期发货，据此条款开证申请

人（买方）或开证行具有单方面随时解除付款责任的主动权，即买方完全控制整笔交易，受益人处于受制人的地位，是否付款完全取决于买方的意愿。

这种信用证实际变成了随时可以撤销或永远无法生效的信用证，银行中立担保付款的职能完全丧失。带有此种条款的信用证实质上是变相的可撤销信用证，极易造成单证不符而遭开证行拒付。买方凭借信用证“软条款”还可以骗取卖方的保证金、质押金、履约金、开证费等。

2. 软条款的主要特征

“软条款”具有极大的隐蔽性，主要有以下特征：

（1）来证金额较大，在 50 万美元以上。

（2）来证含有制约受益人权利的“软条款”。

（3）证中货物一般为大宗建筑材料和包装材料，如花岗石、鹅卵石、铸铁井盖、木箱、纤维袋等。

（4）买方要求出口企业按合同金额或开证金额的 5%～15%预付履约金、佣金或质保金给买方指定代表或中介人。

（5）买方获得履约金、佣金或质保金后，即借故刁难，拒绝签发检验证书，或者不通知装船，使出口企业无法取得全套单据议付，白白遭受损失。

3. 信用证软条款的审核方法

（1）不是有效的信用证文件或信用证中包括有条件生效的条款。例如，信用证中有“详情后告知”“待获得有关当局签发的进口许可证后才能生效”或“待收到货样或函电确认后生效”等。

（2）做到信用证项下的相符交单取决于开证申请人行为的条款。例如，信用证只有在收到进口许可证方能生效，而这种生效还需要经开证申请人的授权；发货需要等申请人通知，申请人的通知作为结汇单据之一，客检证书等。

（3）信用证中对银行的承付或议付责任设置超出了“相符交单”若干前提条件的条款。例如，要求受益人提交开证申请人验货证明，则须待申请人确认后，开证行方可将款项贷记有关账户。

（4）信用证的规定前后矛盾致使受益人不可能做到“相符交单”的条款。例如，FOB 成交方式中要求在提单上注明“FREIGHT PREPAID”或 CFR 成交方式中要求受益人提交保险单等。

（5）受益人若按信用证的规定行事将会失去对货物所有权的控制的条款。例如，要求将提单做成以开证申请人为抬头的记名提单。

实例体验

新锐进出口贸易公司张敏负责审核韩国 LOTTEE 进出口贸易公司开来的信用证。

IRREVOCABLE DOCUMENTARY CREDIT

SEQUENCE OF TOTAL	*27: 1/1
FORM OF DOC. CREDIT	40A: IRREVOCABLE
DOC. CREDIT NUMBER	*20: 2016YKXR
DATE OF ISSUE	31C: 150918
EXPIRY	*31D: DATE 150810 PLACE CHINA
APPLICANT	*50: KOREA LOTTEE IMPORT AND EXPORT COMPANY57-4, BUSAN，KOREA
BENEFICIARY	*59: YINGKOU XINRUI IMPORT & EXPORT CO., LTD 31，RENMIN ROAD YINGKOU ,CHINA
AMOUNT	*32B: CURRENCY USD AMOUNT 18000.00
AVAILABLE WITH/BY	*41D: ANY BANK IN CHINA BY NEGOTIATION
DRAFT AT …	42C: AT 60 DAYS AFTER SIGHT FOR FULL INVOICE VALUE
PARTIAL SHIPMENT	43P: PROHIBITION
TRANSSHIPMENT	43T: PERMITTED
PORT OF LOADING	44E: YINGKOU
PORT OF DISCHARGE	44F: KOREA
LATEST DATE OF SHIP.	44C: NOV.31，2015
DESCRIPT.OF GOODS	45A: MENS JACKET AS PER S/C NO YK2016 FOB KOREA
DOCUMENTS REQUIRED	46A: + COMMERCIAL INVOICE，2 ORIGINAL AND 4 COPIES. + FULL SET Of B/L CLEAN ON BOARD MADE OUT TO ORDER OF SHIPPER AND BLANK ENDORSED AND MARKED "FREIGHT COLLECT "AND NOTIFY

	APPLICANT. + PACKING LIST, 2 ORIGINAL AND 4 COPIES + INSURANCE POLICY OR CERTIFICATE BLANK ENDORSED FOR 150 PCT OF INVOICE VALUE COVERING ALL RISKS AND WAR RISK.
DETAILS OF CHARGES	71B: ALL BANK CHARGES OUTSIDE SPAIN ARE FOR THEACCOUNT OF THE BENEFICIARY
PRESENTATION PERIOD	48: WITHIN 21 DAYS AFTER THE DATE OF SHIPMENT BUTWITHIN THE VALIDITY OF THE CREDIT
CONFIRMATION	*49: WITHOUT
INSTRUCTION	78: THIS CREDIT IS SUBJECT TO THE U.C.P. FOR DOCUMENTARY CREDITS (2007 REVISION) I.C.C., PUB. NO 600

四、信用证的修改

出口方审证时如发现与合同条款不符或其他错误，应立即通知进口方修改信用证。凡是属于非改不可的，应及时要求进口商改证。如果信用证中需要修改的内容较多，必须一次性提出。如果一份信用证修改通知书包括多项内容时，受益人要么全部接受，要么全部拒绝。

1. 修改信用证的原则

《UCP600》规定，未经开证行、保兑行及受益人同意，信用证既不得修改，也不得撤销。信用证的修改应有开证申请人向开证行提出，由开证行修改，并经开证行、保兑行和受益人的同意，才能生效。

2. 改证的业务流程

改证的业务流程如图 3-4 所示。

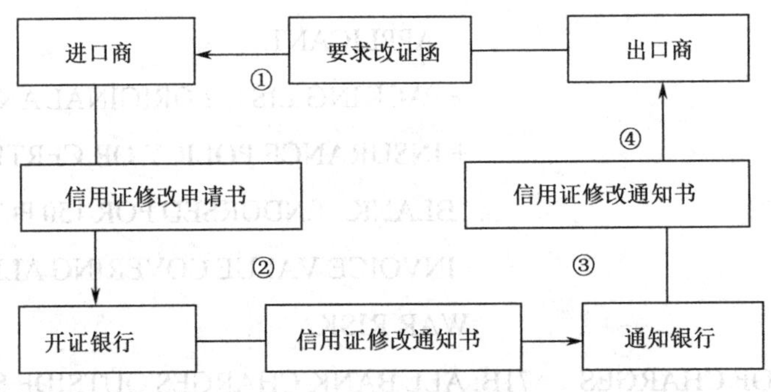

图 3-4 改证的业务流程

解读：

（1）出口商审核信用证内容是否符合合同的有关规定，如有不符点，要求进口商改证。

（2）进口商如需改证，向开证行递交改证申请书，要求其修改信用证。

（3）开证行将改证后的信用证修改通知书寄交通知行。

（4）开证行将改证后的信用证修改通知书，委托通知行转交出口商。

实例体验

营口新锐进出口贸易公司张敏审核信用证发现多处不符点，并提出下列修改意见：

（1）59 受益人地址错误，根据合同应该是 51,RENMIN ROAD YINGKOU,CHINA。

（2）31D 信用证到期时间与开证时间矛盾，应该在开证日期及提单日期后一段时间。

（3）44F 卸货港错误，根据合同，应该是 BUSAN。

（4）32B 信用证金额错误，应该是 USD7100.00。

（5）43T 转船要求错误，应该是 PROHIBITION。

（6）44C 最迟装运期错误，应该是 OCT.30，2015。

（7）45A 货物描述中的价格术语错误，应该是 CIF BUSAN。

（8）42C AT 60 DAYS AFTER SIGHT 错误，根据合同应该是 AT SIGHT。

（9）46A 保险单中的投保加成错误，根据合同投保加成应该是 10%。

（10）46A 提单条款中的“FREIGHT COLLECT”错误，根据合同应该是“FREIGHT PREPAID”。

技能训练

1．根据下述给出的条件填写开证申请书，要求格式清楚、条款明确、内容完整。

DATE: MAY 25, 2015

THE BUYER: EAST AGENT COMPANY

ADDRESS: ROOM 2401,WORLDTRADE MANSION, SANHUAN ROAD 47#, BEIJING, P. R. CHINA

THE SELLER: LPG INTERNATION CORPORATION

ADDRESS: 333 BARRON BLVD. , INGLESIDE , ILLINOIS (UNITED STATES)

NAME OF COMMODITY: MEN'S DENIM UTILITY SHORT

SPECIFICATIONS: COLOR: MEDDEST SANDBLAS

FABRIC CONTENT: 100% COTTON

QUANTITY: 2000 CARTONS

PRICE TERM: FOB NEW YORK

USD 285/ CARTON

TOTAL AMOUNT: USD570,000.00

COUNTRY OF ORIGIN AND MANUFACTURERS: UNITED STATES OF AMERICA, VICTORY FACTORY

PARTIAL SHIPMENT AND TRANSSHIPMENT ARE PROHIBITTED

SHIPPING MARK:　ST

NO.1-UP

TIME OF SHIPMENT: BEFORE JULY 15,2015

PLACE AND DATE OF EXPIRY: CHINA, JULY 30,2015

PORT OF SHIPMENT: NEW YORK

PORT OF DESTINATION: XINGANG PORT, TIANJING OF CHINA

INSURANCE: TO BE COVERED BY BUYER.

PAYMENT: BY IRREVOCABLE FREELY NEGOTIABLE L/C AGAINST SIGHT DRAFTS FOR 100PCT OF INVOICE VALUE AND THE DOCUMENTS DETAILED HEREUNDER.

DOCUMETNS:

1．INVOICES IN TRIPLICATE

2．PACKING LIST IN TRIPLICATE

3．FULL SET OF CLEAN ON BOARD BILLS OF LADING MADE OUT TO

ORDER AND BLANK ENDORSED NOTIFYING THE APPLICANT WITH FULL NAME AND ADDRESS MARKED FREIGHT COLLECT.

4. CERTIFICATE OF ORIGIN IN DUPLICATE

5. BENEFICIARY'S CERTIFIED COPY OF FAX TO THE APPLICANT WITHIN 1 DAY AFTER SHIPMENT ADVISING GOODS NAME OF VESSEL, INVOICE VALUE, DATE OF SHIPMENT, QUANTITY AND WEIGHT.

OTHER TERMS AND CONDITIONS:

1. L/C TO BE ISSUED BY TELETRANSMISSION.

2. THE BUYER SHALL BEAR ALL BANKING CHARGES INCURRED INSIDE THE ISSUING BANK.

3. ALL DOCUMENTS MUST BE MAILED IN ONE LOT TO THE ISSUING BANK BY COURIER SERVICE.

4. PRESENTATION PERIOD:WITHIN 10 DAYS AFTER THE DATE OF SHIPMENT.

IRREVOCABLE DOCUMENTARY CREDIT APPLICATION

<table>
<tr><td colspan="2">TO: BANK OF CHINA BEIJING BRANCH</td><td>Date:</td></tr>
<tr><td colspan="2">□Issue by airmail □With brief advice by teletransmission
□Issue by express delivery
□Issue by teletransmission (which shall be the operative instrument)</td><td>Credit No.
Date and place of expiry of expiry</td></tr>
<tr><td colspan="2">Applicant</td><td>Beneficiary (Full name and address)</td></tr>
<tr><td colspan="2">Advising Bank</td><td>Amount</td></tr>
<tr><td>Partial shipments
□allowed □not allowed</td><td>Transhipment
□allowed □not allowed</td><td rowspan="3">Credit available with
By
□sight payment □acceptance
□negotiation
□deferred payment at
against the documents detailed herein
□and beneficiary's draft(s) for ____ % of invoice value at ______ sight</td></tr>
<tr><td colspan="2">Loading on board/dispatch/taking in charge at/from</td></tr>
<tr><td colspan="2">not later than
For transportation to:</td></tr>
<tr><td colspan="2">□FOB □CFR □CIF
□or other terms</td><td>drawn on</td></tr>
</table>

续表

Documents required: (marked with ×)

1. ( ) Signed commercial invoice in _____ copies indicating L/C No. and Contract No.

2. ( ) Full set of clean on board Bills of Lading made out to order and blank endorsed, marked "freight [ ] to collect / [ ] prepaid [ ] showing freight amount"notifying ______________________________ .

( ) Airway bills/cargo receipt/copy of railway bills issued by ______________________ showing "freight [ ] to collect/[ ] prepaid [ ] indicating freight amount" and consigned to____________________.

3. ( ) Insurance Policy/Certificate in _____ copies for______ % of the invoice value showing claims payable in in currency of the draft, blank endorsed, covering All Risks, War Risks and______________________________ .

4. ( ) Packing List/Weight Memo in _____ copies indicating quantity, gross and weights of each package.

5. ( ) Certificate of Quantity/Weight in _______ copies issued by _______________.

6. ( ) Certificate of Quality in _______ copies issued by [ ] manufacturer/[ ] public recognized surveyor_______________.

7. ( ) Certificate of Origin in _______ copies .

8. ( ) Beneficiary's certified copy of fax / telex dispatched to the applicant within _______ days after shipment advising L/C No., name of vessel, date of shipment, name, quantity, weight and value of goods.

Other documents, if any

Description of goods:

Additional instructions:

1. ( ) All banking charges outside the opening bank are for beneficiary's account.

2. ( ) Documents must be presented within ____ days after date of issuance of the transport documents but within the validity of this credit.

3. ( ) Third party as shipper is not acceptable, Short Form/Blank back B/L is not acceptable.

4. ( ) Both quantity and credit amount ______ % more or less are allowed.

5. ( ) All documents must be sent to issuing bank by courier/speed post in one lot.

( ) Other terms, if any

2．2015 年 8 月大连泰合进出口贸易公司与日本 PHI COMPANY 签订了一笔买卖手工工具的合同。买方按要求开来了不可撤销信用证。

（1）合同资料如下。

DALIAN TAIHE IMPORT & EXPORT CO.，LTD

NO.529, ZHONGSHAN ROAD HE DONG DISTRICT, DALIAN, CHINA

销售确认书

SALES CONFIRMATION

电话 TEL：0411-74236211　　　　S/C NO.：DJ2015-8

传真 FAX：0411-74236212　　　　DATE：AUG.08，2015

TO MESSRS:

PHI COMPANY

206 LODIA HOTEL 0FFICE 1109,Tokyo , JAPAN

兹经买卖双方同意成交下列商品，订立条款如下：

THE UNDERSIGNED SELLERS AND BUYERS HAVE AGREED TO CLOSE THE FOLLOWING TRANSACTION ACCORDING TO THE TERMS AND CONDITIONS STIPULATED BELOW：

唛头 SHIPPING MARK	货物描述及包装 DESCRIPTION OF GOODS,PACKING	数量 QUANTITY	单价 UNIT PRICE	总值 AMOUNT
PHI DJ2015-8 JAPAN C/NO.1-UP	HAN TOOL TO BE PACKED IN STRONG WOODEN CASE(S)	100SET	CFR TOKEY JAPAN USD120.00/SET	USD12，000.00

装运港 LOADING PORT :DALIAN CHINA

目的港 DESTINATION: TOKEY JAPAN

装运期限 TIME OF SHIPMENT: BEFORE OCT.04，2015

付款条件 TERMS OF PAYMENT: BY IRREVOCABLE L/C AT SIGHT

分批装运 PARTIAL SHIPMENT :ALLOWED

转船 TRANSHIPMENT:ALLOWED

保险 INSURANCE: TO BE EFFECTED BY SELLERS COVERING ALL RISKS FOR 10% OVER THE INVOICE VALUE

买方 THE BUYER：SONG　　　　卖方 THE SELLER：何力

PHI COMPANY　　　　DALIAN TAIHE I/E CORP.

（2）买方开来的信用证资料如下。

BANK OF KOREA LIMITED, BUSAN

SEQUENCE OF TOTAL	*27：1/1
FORM OF DOC.CREDIT	*40A：IRREVOCABLE
DOC.CREDIT NUMBER	*20：S100-1234
DATE OF ISSUE	31C：20150825
EXPIRY	*31D：DATE 20131001 PLACE BENEFICIARY COUNTRY
APPLICANT	*50：PHI COMPANY 203 LODIA HOTEL 0FFICE 1564, TOKYO, JAPAN
BENEFICIARY	*59：DALIAN　HETAI COMPANY LIMITED NO.529 ZHONGSHAN ROAD HE DONG DISTRICT, DALIAN, CHINA
AMOUNT	*32B：CURRENCY HKD AMOUNT 36,000.00
AVAILABLE WITH/BY	*41D: ANY BANK IN CHINA BY NEGOTIATION
DRAFTS AT...	42C：DRAFT AT 30 DAYS AT SIGHT FOR FULL INVOICE COST
DRAWEE	42A：BANK OF KOREA LIMITED, BUSAN
PARTIAL SHIPMENTS	43P：NOT ALLOWED
TRANSSHIPMENT	43T：NOT ALLOWED
LOADING IN CHARGE	44A：DALIAN CHINA
FOR TRANSPORT TO...	44B：BUSAN JAPAN
LATEST DATE OF SHIPMENT	44C：20151031
DESCRIPT. OF GOODS	45A：

+COMMODITY：KRAFT PAPER

PRICE TERM：CIF TOKYO JAPAN

DOCUMENTS REQUIRED　　46A：

1．COMMERCIAL INVOICE IN 3 COPIES INDICATING LC NO. & CONTRACT NO.DJ2015-8

2．FULL SET OF CLEAN ON BOARD OCEAN BILL OF LADING MADE OUT TO ORDER AND BLANK ENDORSED, MARKED FREIGHT TO COLLECT, NOTIFYING THE APPLICANT.

3．PACKING LIST/WEIGHT LIST IN 3 COPIES INDICATING QUANTITY/GROSS AND NET WEIGHTS

4．CERTIFICATE OF ORIGIN IN 3 COPIES

DETAILS OF CHARGES	71B：ALL BANKING CHARGES OUTSIDE OF OPENING BANK AREFOR BENEFICIARY
PRESENTATION PERIOD	48：DOCUMENTS TO BE PRESENTED WITHIN 10 DAYS AFTER THE DATE OF SHIPMENT BUT WITHIN THE VALIDITY OF THE CREDIT
CONFIRMATION	*49：WITHOUT
INSTRUCTION	78：THIS CREDIT IS SUBJECT TO THE U.C.P. FOR DOCUMENTARY CREDITS (2007 REVISION) I.C.C., PUB. NO.600

实操要求：请您以“单证员”何力的身份，根据所给资料，分析、审核信用证，将信用证中的不符点列出，并加以改正。信用证修改意见：

1.
2.
3.
4.
5.
6.
7.
8.
9.
10.

学习情境四　商业发票和包装单据的缮制

学习目标

知识目标：熟悉发票、箱单的含义、作用、内容及分类。

能力目标：能根据合同、信用证及有关资料正确缮制发票、箱单。

情境导入

营口新锐进出口贸易公司，按期收到韩国LOTTE公司开来的不可撤销跟单信用证。经审核无误后及时备货，同时安排单证员张敏按照合同要求，制作发票、箱单等单证任务。具体工作如下：

任务一 商业发票的缮制

任务二 包装单据的缮制

任务一　商业发票的缮制

商业发票又称为发票，是出口贸易结算单据中最重要的单据之一，所有其他单据都应以它为中心来缮制。因此，在制单顺序上，往往首先缮制商业发票。商业发票是卖方对装运货物的全面情况详细列述的一种货款价目的清单。它常常是卖方陈述、申明、证明和提示某些事宜的书面文件；另外，商业发票也是作为进口国确定征收进口关税的基本资料。一般来说，发票无正副本之分，如需正本，一般加打“ORIGIN”。

一、商业发票的含义及作用

1. 商业发票的含义

商业发票（Commercial Invoice）简称发票，是出口公司对国外买方开立的载有货物名称、规格、数量、单价、总金额等方面内容的清单，供国外买方凭以收货、支付货款和报关完税使用，是所装运货物的总说明。

2. 商业发票的作用

商业发票的作用有以下几方面：

（1）可供进口商了解和掌握装运货物的全面情况。

（2）作为进口商记账、进口报关、海关统计和报关纳税的依据。

（3）出口商凭以发票的内容，逐笔登记入账。在货物装运前，出口商需要向海关递交商业发票，作为报关发票，海关凭以核算税金，并作为验关放行和统计的凭证之一。

（4）在不用汇票的情况下，商业发票可以代替汇票作为付款依据；另外，一旦发生保险索赔时，商业发票可以作为货物价值的证明等。

二、商业发票的缮制

商业发票没有统一规定的格式，每个出具商业发票的单位都有自己的发票格式。虽然格式各有不同，但是，商业发票填制的项目大同小异。一般来说，商业发票应该具备以下内容。

1. 出票人（Issuer）

此栏填写出票人（即出口商）的英文名称和地址，在信用证支付方式下，应与信用证受益人的名称和地址保持一致。一般来说，出票人名称和地址是相对固定的，因此有许多出口商在印刷空白发票时就印刷上了这一内容。

2. 受票人（To）

受票人也称抬头人，此项必须与信用证中所规定的严格一致。多数情况下填写进口商的名称和地址，且应与信用证开证申请人的名称和地址一致。如信用证无规定，即将信用证的申请人或收货人的名称、地址填入此项。如信用证中无申请人名字则用汇票付款人。在其他支付方式下，可以按合同规定列入买方名称和地址。

3. 发票号（No.）

发票号一般由出口企业自行编制。发票号码可以代表整套单据的号码，如出口报关单的申报单位编号、汇票的号码、托运单的号码、箱单及其他一系列同笔合同项下的单据编号都可用发票号码代替，因此发票号码尤其重要。有时，有些地区为使结汇不致混乱，也使用银行编制的统一编号。

4. 发票日期（Date）

在全套单据中，发票是签发日最早的单据。它只要不早于合同的签订日期，不迟于提单的签发日期即可。一般都是在信用证开证日期之后、信用证有效期之前。

5. 运输说明（Transport Details）

此栏填写运输工具或运输方式，一般还加上运输工具的名称；运输航线要严格与信用证一致。如果在中途转运，在信用证允许的条件下，应表示转运及其地点。

例如，From Shanghai to Tokyo on Mar.5, 2016 By Vessel.（所有货物于2016年3月5日通过海运，从上海港运往东京。）

6. 合同号（S/C No.）

发票的出具都有买卖合同作为依据，但买卖合同不都以“S/C”为名称。有时出现“order”、“P.O.”、“contract”等。因此，当合同的名称不是“S/C”时，应将本项的名称修改后，再填写该合同的号码。

7. 信用证号（L/C No.）

信用证方式下的发票需填列信用证号码，作为出具该发票的依据。若不是信用证方式付款，本项空。

8. 支付条款（Term of Payment）

此栏填写合同支付方式和期限，格式为“支付方式+期限”。

例如：

L/C at sight

L/C at 60 days after sight

D/Pat sight

D/A at 30 days after sight

T/T 20% in advance and 80% within 30days after shipment date

9. 唛头及件数编号（Marks and Numbers）

此栏参照合同中的“Shipping Mark”填写。唛头即运输标志，既要与实际货物一致，还应与提单一致，并符合信用证的规定。如信用证没有规定，可按买卖双方和厂商订的方案或由受益人自定。无唛头时，应注“N/M”或“No Mark”。如为裸装货，则注明

"NAKED"或散装"In Bulk"。件数可表示为1～XX件，如1～10，也可表示为1～UP。

10. 货物描述（Description of Goods）

此栏是发票的主要部分，应详细填明各项商品的英文名称及规格。品名规格应该严格按照信用证的规定或描述填写。货物的数量应该与实际装运货物相符，同时符合信用证的要求。

11. 数量（Quantity）

货物的数量，与计量单位连用，如 500PCS（注意单位的单复数）。注意该数量和计量单位既要与实际装运货物情况一致，又要与信用证要求一致。

12. 单价（Unit Price）

单价由四个部分组成：计价货币、计量单位、单位数额和贸易术语。如果信用证有规定，应与信用证保持一致；若信用证没有规定，则应与合同保持一致。

本栏填写方法与合同中的相关内容相同，说明如下：

（1）贸易术语：请填于上方空白栏中，填写格式为"贸易术语+港口名"。例如，CIF HAMBURG。

（2）计价货币与单价金额：依合同约定填写。

13. 金额小计（Amount）

此栏列明币种及各项商品总金额（总金额＝单价×数量）。除非信用证上另有规定，货物总值不能超过信用证金额。若信用证没有规定，则应与合同保持一致。

实际制单时，若来证要求在发票中扣除佣金，则必须扣除。折扣与佣金的处理方法相同。有时证内无扣除佣金规定，但金额正好是减佣后的金额，发票应显示减佣，否则发票金额超证。有时合同规定佣金，但来证金额内未扣除，而且证内也未提及佣金事宜，则发票不宜显示，待货款收回后另行汇给买方。另外，在 CFR 和 CIF 价格条件下，佣金一般应按扣除运费和保险费之后的 FOB 价计算。

14. 货物总计（Total）

此栏分别填入所有货物累计的总数量和总金额（包括相应的计量单位与币种）。

注意：一笔合同中可以同时交易同一商品属类的多种商品，如果这些商品的销售单位不同，合计中单位栏应填"packages"。

SAY TOTAL 以大写文字写明发票总金额，必须与数字表示的货物总金额一致。

例如，USD EIGHTY NINE THOUSAND SIX HUNDRED ONLY。

位于 SAY TOTAL 下方的空白处。在相当多的信用证中，都出现要求在发票中证明某些事项的条款，譬如发票内容正确、真实、货物产地等证明，均应照信用证要求办理。

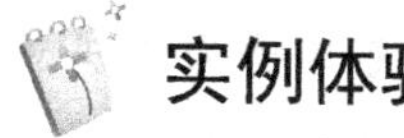

实例体验

YINGKOU XINRUI IMPORT & EXPORT CO., LTD

51, HAIBIN ROAD YINGKOU,CHINA

COMMERCIAL INVOICE

INV NO.:YK001

电话 TEL：0417-6250474　　S/C NO.：YK2016

传真 FAX：0417-6250474　　DATE：MAR.10, 2016

TO MESSRS:

LOTTE COMPANY

TTY57-4, BUSAN，KOREAN

SHIPPING MARK	DESCRIPTION OFGOODS,PACKING	QUANTITY	UNIT PRICE	AMOUNT
L.C YK2016 BUSAN C/NO.1-UP	COTTONS SHIRT S M L PACKED IN ONE CARTON OF 10PCS EACH	 300PCS 200PCS 100PCS	CFR BUSAN USD 10.00 USD 13.00 USD 15.00	 USD 3000.00 USD 2600.00 USD 1500.00
TOTAL		600PCS		USD 7100.00

TOTAL AMOUNT :SAY US DOLLARS SEVENTEEN THOUSAND ONLY

WE HEREBY CERTIFY THAT THE CONTENTS OF INVOICE HEREIN ARE TRUE AND CORRECT.

YINGKOU XINRUI I/E CORP.

ZHANGMIN

任务二　包装单据的缮制

一、包装单据的含义及作用

1. 包装单据的含义

包装单据（Packing Documents）是指一切记载或描述商品包装情况的单据，是商业发票的补充单据，也是货运单据中一项重要单据。除散装货物外，多为不可缺少的文件。进口地海关验货、公证行验证、进口商核对货物时，都可以包装单据为依据，使其了解包装件号内的其证的规定，为银行所接受，又能满足客户的要求原则。

2. 包装单据的作用

（1）出口商制作商业发票及其他单据时计量、计价的基础资料。

（2）进口商清点数量或重量及销售货物的依据。

（3）海关查验货物的凭证。

（4）公证或商检机构查验货物的参考资料。

知识拓展

包装单据的种类

1. 装箱单（Packing List/Packing Slip）

又称包装单，重点说明每件商品包装的详细情况，表明货物名称、规格、数量、唛头、箱号、件数和重量，以及包装情况，尤其对不定量包装的商品要逐件列出每件包装的详细情况。对定量箱装货，每件商品都是统一的重量，则只需说明总件数多少，每箱重量多少，合计重量多少，如果信用证来证条款要求提供详细包装单，则必须提供尽可能详细的装箱内容，描述每件包装的细节，包括商品的货号、色号、尺寸搭配、毛净重及包装的尺寸等内容。

2. 重量单（Weight List/weight Note）

重量单是在排除装箱单上提供的内容外，尽量详细地表明商品每箱毛重、净重及总重量的情况，供买方安排运输、存仓时参考。重量单一般起码要具备编号及日期、商品名称、唛头、毛重、净重、皮重、总件数等内容。

3. 尺码单（Measurement List）

偏重于说明货物每件的尺码和总尺码，即在装箱单内容的基础上再重点说明每件不同规格货物的尺码和总尺码。如果货物不是每件统一尺码的应逐件列明每件的尺码。

其他还有花色搭配单（Assortment List）、包装说明（Packing Specification）、详细装箱单（Detailed Packing List）、包装提要（Packing Summary）、重量证书（Weight Certificate/Certificate of Weight）、磅码单（Weight Memo）等。

如图 4-1 所示为装箱单样单。

装　箱　单

PACKING LIST

客　　户　　　　　　　　　　　　　　　　日期
To Messrs: ________________　　　　　　Date:________
船　　名　　　　　　由　　　　至　　　合同号
Shipped by: ____________From　　　To　　　Contract No.:______

箱号 Ctn.No.	货物名称及规格 Description	总箱数 Ge.Crate	总数量 Ge. Quantity	总毛重 G.W.:	总净重 N.W:
合计 Total					

图 4-1　装箱单

二、包装单据的缮制方法

包装单据无统一格式，各出口企业制作的包装单据大致相同。其主要内容和缮制方法主要如下。

1. 出口企业名称和地址（Exporter's Name and Address）

出口企业的名称、地址应与发票同项内容一致，缮制方法相同。

2. 单据名称（Name of Document）

单据名称通常用英文粗体标出。常见的英文名称有：Packing List (Note)，Packing Specifications，Specifications。实际使用中，应与信用证要求的名称相符，倘若信用证未进行规定，可自行选择。

3. 装箱单编号（N0.）

装箱单编号一般填发票号码，也可填合同号。

4. 出单日期（Date）

包装单据的出单日期应填发票签发日，不得早于发票日期，但可晚于发票日期 1～2 天。

5. 唛头（Shipping Mark）

唛头制作要符合信用证的规定，并与商业发票的唛头相一致。

6. 品名和规格（Name of Commodity and Specifications）

品名和规格必须与信用证的描述相符。规格包括商品规格和包装规格。例如，Packed in polythene bags of 3kgs each, and then in inner box, 20 boxes to a carton.（每 3 千克装一塑料袋，每袋装一盒，20 盒装一纸箱。）

7. 数量（Quantity）

数量填写实际件数，如品质规格不同应分别列出，并累计其总数。

8. 单位（Unit）

单位指外包装的包装单位，如箱、包、桶等。

9. 毛重（Gross Weight）

毛重填入外包装每件重量，规格不同要分别列出，并累计其总量。

10. 净重（Net Weight）

净重填写每件货物的实际重量并累计其总量。

11. 尺码（Measurement）

尺码填写每件包装的体积并标明总尺码。

12. 签章（Signature）

出单人签章应与商业发票相符，如果信用证规定中性包装，此栏可不填。

实例体验

注：合同号：YK2016 信用证号：

YINGKOU XINRUI IMPORT & EXPORT CO., LTD

51,HAIBIN ROAD YINGKOU,CHINA

PACKING LIST

INV NO.:YK001

电话 TEL：0417-6250474　　　　S/C NO.：YK2016

传真 FAX：0417-6250474 DATE：MAR.10,2016

TO MESSRS：

LOTTE COMPANY

TTY57-4, BUSAN，KOREA

C/NOS AND MARKS	DESCRIPTION OFGOODS, PACKING	QTY (PCS)	G.W (KGS)	N.W (KGS)	MEAS (M^3)
	COTTONS SHIRT				
1-30	S	300PCS	330	300	0.33
31-50	M	200PCS	220	200	0.22
51-60	L	100PCS	110	100	0.11
	PACKED IN ONE CARTON OF				
L.C	10PCS EACH				
YK2016					
BUSAN					
C/NO.1-60					
TOTAL		600PCS	660	600	0.66

TOTAL AMOUNT :SAY TOTAL SIXTY CARTONS ONLY

WE HEREBY CERTIFY THAT THE CONTENTS OF PACKING LIST HEREIN ARE TRUE AND CORRECT.

YINGKOU XINRUI I/E CORP.

ZHANGMIN

技能训练

1．根据所给信用证及补充资料填制单据。

（1）信用证资料。

开证银行：STANDARD CHARTERED BANK TOKYO JAPAN

议付银行：BANK OF CHINA QINGDAO CHINA

信用证号码：LC0712-264

开证日期：20160915

有效期：DATE 20161115 PLACE CHINA

开证申请人：SANTOS TRADE COMPANY LIMITED 355 SAN JOSE BOULEVARD TOKYO JAPAN

受益人: DALIAN HONGHE ELECTRIC APPLIANCE CO., LTD.96 GAOJI STREET XIASHA,DALIAN CHINA

总金额：CURRENCY USD AMOUNT 22,000.00

支付方式：BY L/C AT 30 DAYS AFTER SIGHT

分批装运：NOT ALLOWED

转船：ALLOWED

装运港口：QINGDAO

卸货港口：TOKYO

最迟装运日：20161031

货物描述：COLOUR TV SET,

600 SETS MODEL H324, 110V, 50HZ,

CIF TOKYO USD100.00 PER SET

包装：ONE SET IN ONE CARTON

单据要求：

1. 商业发票：MANUALLY SIGNED COMMERCIAL INVOICE IN 3COPIES SHOWING S/C NO AND DATE
2. 装箱单：SIGNED PACKING LIST IN 3 COPIES
3. 原产地证：CERTIFICATE OF ORIGIN IN TRIPLICATE SHOWING THE NAME OFTHE MANUFACTURER.
4. 交单期限：DOCUMENTS TO BE PRESENTED WITHIN 15 DAYS AFTER THE DATE OF SHIPMENT BUT WITHIN THE VALIDITY OF THE CREDIT
5. 提单：FULL SET CLEAN ON BOARD BILLS OF LADING MADE OUT TO ORDER OF SHIPPERS MARKED FREIGHT PREPAID NOTIFY APPLICANT

（2）其他相关资料。

发票号码：01ZH2014	发票日期：OCT.14，2016
提单号码：SHYZ092234	提单日期：OCT.30，2016
船名：APL PEARL V. 730E	唛头：N/M
产地证号：HZ089216	HS：8704.2000
毛重：25KGS/CTN	净重：23KGS/CTN
纸箱尺码：（47*47*38）厘米	合同号：SY870910
箱号：COSU522809	合同日期：SEP.10，2016

生产厂家名称：青岛锐兴电器厂

（QINGDAO RUIXING ELECTRIC APPLIANCE FACTORY）

单证员：张敏

2．根据所给信用证及补充资料填制单据。

<table>
<tr><td colspan="5">青岛锐兴电器有限公司
QINGDAO RUIXING ELECTRIC APPLIANCE CO., LTD.
商业发票
COMMERCIAL INVOICE</td></tr>
<tr><td colspan="2" rowspan="4">Messrs: (1)</td><td colspan="2">Invoice No.:</td><td>(4)</td></tr>
<tr><td colspan="2">Invoice date:</td><td>（5）</td></tr>
<tr><td colspan="2">S/C No.:</td><td>（6）</td></tr>
<tr><td colspan="2">L/C No.:</td><td>（7）</td></tr>
<tr><td colspan="2">Exporter: (2)</td><td colspan="3" rowspan="2">Terms of Payment: (8)</td></tr>
<tr><td colspan="2">Transport details: (3)</td></tr>
<tr><td>Marks & Nos.
（9）</td><td>Description of goods
（10）</td><td>Quantity
（11）</td><td>Unit Price
（12）</td><td>Amount
（13）</td></tr>
<tr><td></td><td></td><td></td><td></td><td></td></tr>
<tr><td colspan="5">(14)
青岛锐兴电器有限公司（章）
QINGDAO RUIXING ELECTRIC APPLIANCE CO., LTD.
(15)</td></tr>
</table>

学习情境五　订舱委托书的缮制

学习目标

知识目标：熟悉主要港口名称及航线，掌握出口订舱流程。

技能目标：能根据合同、信用证及有关资料正确缮制订舱委托书。

情境导入

营口新锐进出口贸易公司单证员张敏在完成商业发票和装箱单的工作任务后，一边研究出口订舱流程，一边根据公司安排填制订舱委托书交给中国外运代理公司，委托其代为订舱。那么货物托运订舱的程序是怎样的？订舱委托书又如何填制呢？

任务　缮制订舱委托书

任务　缮制订舱委托书

一、订舱委托书的含义

订舱委托书（Booking Note）简称托书，是进/出口商为了买卖商品，通过船公司和货代公司船运进行订舱的申请书。订舱委托书没有固定格式，不同进出口公司缮制的托书不尽相同，但主要内容都要包含在内。其中主要包括托运人、收货人、装货港、卸货港、唛头、货物描述、货物毛重、货物体积、运费的支付方式、所订船期、订舱章等，以及其他需求也要在订舱委托书中体现，如目的港免用箱期申请等。

二、出口订舱流程

出口订舱流程对于出口商而言，如果货物采用集装箱班轮运输，那么在备货及落实信用证的同时，就应该开始着手订舱，以便及时履行合同及信用证项下的交货和交单的义务。向班轮公司租订舱位（箱位），首先要了解各个班轮公司的船舶、船期、挂靠港及船舶箱位数等具体情况。目前经营中国国际集装箱海运班轮业务的著名航运公司主要有：中远（COSCO）、中外运（SINOTRAN）、海陆（SEALAND）、日本邮船（NYK）、东方海外（OOCL）、马士基（MAERSK）、韩进海运（HANJIN）、铁行渣华（P&O NEDLLOYD）等。这些班轮公司利用各种媒体和渠道定期发布本公司船舶、船期及运价信息，提供定船期、定船舶、定航线、定挂靠港的集装箱班轮运输服务。同时，一些航运中介机构，如上海航运交易所等也定期发布各种航运信息，以供托运人在订舱时进行参考。托运人查询船期表以选择合适的船舶、航次，然后向具体的船公司洽订舱位。

出口托运订舱流程图如图5-1所示。

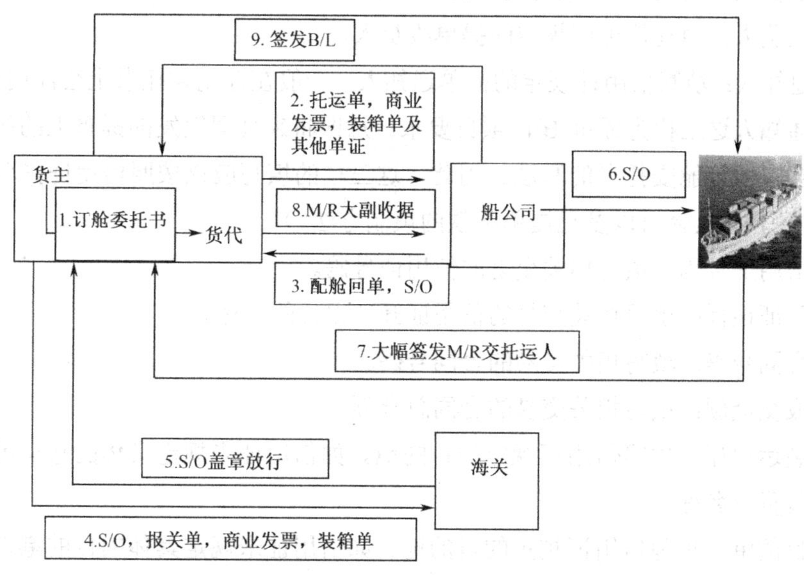

图5-1　出口托运订舱流程图

（1）出口企业（货主）在货证齐备后，填制订舱委托书，随附商业发票、装箱单等其他必备单据，委托货代代为订舱，有的还委托其代理报关及货物储运等事宜。

（2）货代接受订舱委托后，缮制集装箱货物托运单，随同商业发票、装箱单及其他必要单证一同向船公司办理订舱。

（3）船公司根据具体情况，如果接受订舱则在托运单的几联单据上编上与提单号码一致的编号，填上船名、航次并签署，即表明已经确认托运人的订舱，同时把配舱回单、装货单、S/O等与托运人有关的单据退还给托运人。

（4）托运人持船公司签署的S/O填制出口货物报关单、商业发票、装箱单等连同其他有关的出口单证向海关办理报关手续。

（5）海关根据有关规定对货物进行查验，如同意，则在 S/O 上盖章，并将 S/O 退还给托运人。

（6）托运人持海关盖章的由船公司签署的 S/O 要求船长装船。

（7）装船后，由船上的大副签署大副收据 M/R，交给托运人。

（8）托运人持 M/R 向船公司换取正本已装船提单。

（9）船公司凭 M/R 签发正本提单并交给托运人凭以结汇。

三、订舱委托书的填制

出口货物订舱委托书如表 5-1 所示。

（1）发货人（托运人）：填写出口公司（信用证收益人）。

（2）收货人：填写信用证规定的提单收货人。

（3）通知人：填写信用证规定的提单通知人。一般在订舱委托书上会注明托运人、收货人、通知人这三栏为提单 B/L 项目要求。意即将来公司签发的提单上的相应栏目的填写也会参照订舱委托书的写法。因此，这三栏的填写应该按照信用证提单条款的相应规定填写。（具体可以参见提单条款的填制方法。）

（4）信用证号码：填写相关交易的信用证号码。

（5）开证银行：填写相关交易的信用证开证银行的名称。

（6）合同号码：填写相关交易的合同号码。

（7）成交金额：填写相关交易的合同总金额。

（8）装运口岸：填写信用证规定的目的地。如信用证未规定具体的起运港口，则填写实际装货港名称。

（9）目的港：填写信用证规定的目的地。如信用证未规定具体的目的港口，则填写实际卸货港名称。

（10）装船运输：根据信用证条款，如允许转运，则填“YES”，反之，则填“NO”。

（11）分批装运：根据信用证条款，如允许分批，则填“YES”，反之，则填“NO”。如信用证未对转船和分批作具体的规定，则应该按照合同的有关规定填写。

（12）信用证有效期：填写信用证的有效期。

（13）装运期限：填写信用证规定的装运期限。

（14）运费：根据信用证提单条款的规定填写“FREIGHT PREPAID”(运费预付)或“FREIGHT TO COLLECT”（运费到付）。

（15）成交条件：填写成交的贸易术语，如“FOB”“CIF”“CFR”等。

（16）～（19）有关公司联系人、电话 / 传真、开户银行及银行账号：按公司实际情况填写。

（20）特别要求：如托运人对所订舱位有特殊要求，可以填在这一栏中。

（21）标记唛码：填写货物的装运标志，即通常所说的“唛头”。

（22）货号规格：填写货物描述。

（23）包装件数：填写货物的外包装的数量，如“370 CARTONS”。

（24）～（28）毛重、净重、数量、单价、总价：按货物的实际情况填写。

（29）～（33）总件数、总毛总、总净重、总尺码、总金额：按货物的实际情况填写。

（34）备注：如有其他事项可填入本栏中。

表 5-1　出口货物订舱委托书

<table>
<tr><td colspan="4">出口货物订舱委托书　　　　日期　月　日</td></tr>
<tr><td rowspan="4">（1）发货人</td><td colspan="3">（4）信用证号码</td></tr>
<tr><td colspan="3">（5）开证银行</td></tr>
<tr><td>（6）合同号码</td><td colspan="2">（7）成交金额</td></tr>
<tr><td>（8）装运口岸</td><td colspan="2">（9）目的港</td></tr>
<tr><td rowspan="4">（2）收货人</td><td>（10）转船运输</td><td colspan="2">（11）分批装运</td></tr>
<tr><td>（12）信用证有效</td><td colspan="2">（13）装船期限</td></tr>
<tr><td>（14）运费</td><td colspan="2">（15）成交条件</td></tr>
<tr><td>（16）公司联系人</td><td colspan="2">（16）电话/传真</td></tr>
<tr><td rowspan="2">（3）通知人</td><td>（18）公司开户行</td><td colspan="2">（19）银行账号</td></tr>
<tr><td colspan="3">（20）特别要求</td></tr>
<tr><td colspan="4">（21）标记唛码（22）货号规格（23）包装件数（24）毛重（25）净重　（26）数量　（27）单价　（28）总价</td></tr>
<tr><td colspan="4">（29）总件数　（30）总毛重　（31）总净重　（32）总尺码　（33）总金额</td></tr>
<tr><td colspan="4"></td></tr>
<tr><td colspan="4">（34）备注</td></tr>
</table>

实例体验

出口货物订舱委托书 **日期 9 月 11 日**

<table>
<tr><td rowspan="4">（1）发货人
YINGKOU XINRUI IMPORT & EXPORT CO.，LTD
31 ， RENMIN ROAD YINGKOU ,CHINA</td><td>（4）信用证号码</td><td colspan="3">2016YKXR</td></tr>
<tr><td>（5）开证银行</td><td colspan="3">中国银行</td></tr>
<tr><td>（6）合同号码</td><td>YK2016</td><td>（7）成交金额</td><td>USD</td></tr>
<tr><td>（8）装运口岸</td><td>YINGKOU</td><td>（9）目的港</td><td>BUSAN</td></tr>
<tr><td rowspan="4">（2）收货人
KOREA LOTTEE IMPORT AND EXPORT COMPANY
57-4, BUSAN，KOREA</td><td>（10）转船运输</td><td>NOT ALLOWED</td><td>（11）分批装运</td><td>NOT ALLOWED</td></tr>
<tr><td>（12）信用证有效期</td><td>2016 年 11 月 10 日</td><td>（13）装船期限</td><td>2016 年 10 月 30 日</td></tr>
<tr><td>（14）运费</td><td>预付</td><td>（15）成交条件</td><td>CFR</td></tr>
<tr><td>（16）公司联系人</td><td>张敏</td><td>（16）电话/传真</td><td>0417-6250474</td></tr>
<tr><td rowspan="2">（3）通知人
TO ORDER OF SHIPPER</td><td>（18）公司开户行</td><td>中国银行</td><td>（19）银行账号</td><td>78625931013</td></tr>
<tr><td colspan="4">（20）特别要求</td></tr>
</table>

（21）标记唛码	（22）货号规格	（23）包装件数	（24）毛重	（25）净重	（26）数量	（27）单价	（28）总价
L.C	S	60 CARTONS	330KGS	300KGS	300PCS	USD10.00	USD7100.00
YK2016	M		220KGS	200KGS	200PCS	USD13.00	
BUSAN	L		110KGS	100KGS	100PCS	USD15.00	
C/NO.1-UP	COTTONS						
	SHIRT						

（29）总件数	（30）总毛重	（31）总净重	（32）总尺码	（33）总金额
60CARTONS	660KGS	1600KGS	6.6 CBM	USD7100.00

（34）备注

技能训练

2015 年 12 月 10 日，上海明朗商贸有限公司单证员理想填制编号为 CT8514895 的出口订舱委托书，从上海出口空调到日本。具体资料如下：

（1）发货人：上海明朗商贸有限公司。

天山路 276 号，电话：021-31893657，联系人：王明朗

（2）收货人：日本三田商贸有限公司。

（3）合同号：08T67221。

（4）品名：AIR　CONDITIONER。

（5）数量：300 台。

（6）包装：CARTON，每台单独装一个纸箱。

（7）重量：15kg/台。

（8）总体积：46m^3。

（9）船名：KINSTAND。

（10）装运要求：上海到大阪，2016 年 1 月 25 日前装运，不准分批装运和转运。

（11）采用 CIF 价格术语，唛头由卖方自行拟定。

（12）信用证号码：2015KH01。

（13）空白单据模板。

出口货物订舱委托书　　日期　月　日

<table>
<tr><td rowspan="4">（1）发货人</td><td colspan="2">（4）信用证号码</td></tr>
<tr><td colspan="2">（5）开证银行</td></tr>
<tr><td>（6）合同号码</td><td>（7）成交金额</td></tr>
<tr><td>（8）装运口岸</td><td>（9）目的港</td></tr>
<tr><td rowspan="4">（2）收货人</td><td>（10）转船运输</td><td>（11）分批装运</td></tr>
<tr><td>（12）信用证有效期</td><td>（13）装船期限</td></tr>
<tr><td>（14）运费</td><td>（15）成交条件</td></tr>
<tr><td>（16）公司联系人</td><td>（16）电话/传真</td></tr>
<tr><td rowspan="2">（3）通知人</td><td>（18）公司开户行</td><td>（19）银行账号</td></tr>
<tr><td colspan="2">（20）特别要求</td></tr>
<tr><td colspan="3">（21）标记唛码（22）货号规格（23）包装件数（24）毛重　（25）净重　（26）数量　（27）单价　（28）总价</td></tr>
<tr><td colspan="3">（29）总件数　（30）总毛重　（31）总净重　（32）总尺码　（33）总金额</td></tr>
<tr><td colspan="3">（34）备注</td></tr>
</table>

学习情境六　出境货物报检单的缮制

学习目标

知识目标：熟悉报检单的含义及报检程序。

技能目标:能根据合同、信用证及有关资料正确缮制出境货物报检单。

情境导入

货物备妥后，单证员张敏委托营口圣源报检代理有限公司代为报检，并向该公司提供信用证、订舱委托书、商业发票、装箱单、报检委托书等单证，该公司代为填写出境货物报检单，并向营口出入境检验检疫局报检。那么张敏该如何办理报检？又该如何缮制出境货物报检单呢?

任务　缮制出境货物报检单

任务　缮制出境货物报检单

一、商检证书及其作用

在国际贸易中，进出口商品检验环节是必不可少的，买卖双方需要对商品的品质和数量及包装等内容进行检验鉴定，以便确定是否符合合同规定。另外，在长途运输和装卸过程中，难免会因为各种风险和承运人的责任而造成货损。为了明确买卖双方对于商品检验的权利和必须履行的相关义务，由权威的、公正的商检机构对商品进行检验并出具检验证书以资证明。

商检证书是商检机构对外签发的具有法律效力的证书，是证明交货的品质、数量、包装及卫生条件等是否符合合同规定的依据，当卖方交货品质、数量、包装及卫生条件与合同规定不符时，可作为拒收、索赔和理赔的依据。

二、我国的出口商品检验程序

我国出口商品检验工作主要有三个环节：报验、抽样检验和签发证书。

1. 报验

具有该商品出口经营权的单位或受其委托的单位填写出境货物报检单，向当地商检机构申请报验。报验时须随附下列单据或证件：

（1）出口货物明细单。

（2）出口货物报关单或其他供通关用的凭证（如《××商检局放行通知单》）。

（3）对外贸易合同或售货确认书及有关函电、信用证（或购买证）。如信用证有修改的，要提供修改函电。

（4）凭样成交的，提供成交小样。

（5）经生产经营单位自行检验的，须加附厂检结果单或化验报告单，如同时申请检重的，须加附重量明细单（磅码单）。

2. 抽样检验

报验的出口商品原则上由商检机构进行检验，或者由国家商检部门指定的检验机构进行检验。商检机构可视情况，根据生产单位检验或外贸部门验收的结果换证，也可派出人员与生产单位共同进行检验。检验的内容包括商品的质量、规格、数量、重量、包装及是否符合安全、卫生要求。检验的依据是法律、行政法规规定有强制性标准或其他必须执行的检验标准（如输入国政府法令、法规规定）或对外贸易合同约定的检验标准。

3. 签发证书

出口商品经检验合格的，由商检机构签发检验证书，或者在出口货物报关单上加盖检验印章。经检验不合格的，由商检机构签发不合格通知单。根据不合格的原因，商检机构可酌情同意申请人申请复验，复验原则上仅限一次，或者由申请单位重新加工整理后申请复验。复验时应随附加工整理情况报告和不合格通知单，经复验合格，商检机构签发检验证书。

三、出境报检单填写要求

报检单位应加盖单位公章，并准确填写本单位在检验检疫机构备案或注册登记的代码。所列各项内容必须完整、准确、清晰、不得涂改，一般要求用打印机打印。

（1）联系人：报检人员姓名；电话：报检人员的联系电话。

（2）报检单位：填写报检单位的全称。

（3）报检日期：检验检疫机构实际受理的日期。

（4）发货人：根据不同情况填写。预验报检的，可填写生产单位。出口报检的，应填写外贸合同中的卖方或信用证受益人。

（5）收货人：按外贸合同、信用证中所列买方名称填写。

（6）货物名称：按合同、信用证上所列名称及规格填写。

（7）H.S 编码：填写本批货物的商品编码，以当年海关公布的商品税则编码分类为准。

（8）产地：货物的生产（加工）地，填写省、市、县名。

（9）数/重量：按实际申请检验检疫数/重量填写。重量还应填写毛/净重。

（10）货物总值：填写本批货物地总值及币种，应与外贸合同、发票所列货物总值一致。

（11）包装种类及数量：填写本批货物实际运输包装材料的种类及数量。

（12）运输工具名称号码：填写装运本批货物的运输工具名称和号码。

（13）合同号、信用证号：填写外贸合同、订单或形式发票的号码；用信用证结汇的还应填写本批货物对应的信用证号码。

（14）贸易方式：填写本批货物的贸易方式，根据实际情况选填一般贸易、来料加工、进料加工、易货贸易、补偿贸易、边境贸易、无偿援助、外商投资、对外承包工程进出口货物、出口加工区进出境货物、出口加工区进出区货物、退运货物、过境货物、保税区进出境仓储、转口货物、保税区进出区货物、暂时进出区货物、暂时进出口留购货物、展览品、样品、其他非贸易品、其他贸易性货物。

（15）货物存放地点：填写本批货物存货地点、厂库。

（16）发货日期：填写出口装运日期，预验报检可不填。

（17）输往国家和地区：外贸合同中买方（进口方）所在国家或地区，或者合同中注明的最终输往国家或地区。

（18）许可证 / 审批号：对已实施须办理出境许可证或审批的货物应填写有关许可证号或审批号。

（19）生产单位注册号：出入境检验检疫机构签发的卫生注册证书号或加工厂库注册号码等。

（20）启运地：货物最后离境的口岸及所在地。

（21）到达口岸：货物的入境口岸。

（22）集装箱规格、数量及号码：货物若以集装箱运输应填写集装箱的规格、数量及号码。

（23）合同订立的特殊条款及其他要求：在合同中订立的有关检验检疫的特殊条款及其他要求应填入此栏。

（24）标记及号码：货物的标记号码，应与合同、发票等有关外贸单据保持一致。若没有标记号码则填“N/M”。

（25）用途：填写本批货物的用途。根据实际情况选填。

（26）随附单据：按实际情况向检验检疫机构提供的单据。在随附的单据种类画“√”或补填。

（27）报检人郑重申明：报检人员必须亲笔签名。

（28）检验检疫费：由检验检疫机构计费人员核定费用后填写。

（29）领取证单：报检人在领取证单时填写领证日期及领证人姓名。

实例体验

中华人民共和国出入境检验检疫

出境货物报检单

报检单位（加盖公章）：　　　　　　　　　　　　　　　　　　　　*编号__________

报检单位登记号：23　联系人：张敏　电话：0417-6250474　报检日期：　2016 年 10 月 20 日

发货人	（中文）营口新锐进出贸易公司
	（外文）YINGKOU XINRUI IMPORT & EXPORT CO., LTD
收货人	（中文）
	（外文）LOTTE COMPANY

货物名称（中文/外文）	H.S.编码	产地	数量/重量	货物总值	包装种类及件数
纯棉 T 恤 COTTONS SHIRT	8074.0044	营口	600 件	7100 美元	60 箱

运输工具名称号码	DESHENG V.890	贸易方式	一般贸易	货物存放地点	鲅鱼圈区 32 号
合同号	YK2016	信用证号	2016YKXR	用途	
发货日期	2016.10.30	输往国家（地区）	韩国	许可证/审批号	04HZ13557
起运地	营口	到达口岸	釜山	生产单位注册号	
集装箱规格、数量及号码					

合同、信用证订立的检验检疫条款或特殊要求	标记及号码	随附单据（画“√”或补填）	
按照合同要求检验	L.C YK2016 BUSAN C/NO.1-UP	√合同 □信用证 √发票 □换证凭单 √装箱单	√厂检单 □包装性能结果单 √许可/审批文件 □ □

需要证单名称（画“√”或补填）		*检验检疫费
√品质证书 □重量证书 □数量证书 □兽医卫生证书 □健康证书 □卫生证书	□动物卫生证书 □植物检疫证书 □熏蒸/消毒证书 □出境货物换证凭单 □通关单	总金额（人民币元） 计费人 收费人

报检人郑重声明：	领取证单
1．本人被授权报检。	日期
2．上列填写内容正确属实，货物无伪造或冒用他人的厂名、标志、认证标志，并承担货物质量责任。	签名　张敏
签名：__________	

注：有“*”号栏由出入境检验检疫机关填写。

技能训练

请根据下列资料填制出境货物报检单，要求中国出入境检验检疫局出具品质检验证明书。

（1）THE SELLER: DALIAN TIANTIAN GARMENT CO.LTD. 中韩合资大连天天服装有限公司（2115320056）

（2）THE BUYER: WAN DA CO.LTD, 230-17, YANGCHUN-GU, SEOUL, KOREA

（3）PORT OF LOADING: DALIAN CHINA, FINAL DESTINATION: INCHON KOREA, CARRIER: DALN/412E

（4）TERMS OF PAYMENT: DOCUMENTS AGAINST ACCEPTANCE

（5）NO.S OF PACKAGES DESCRIPTION QTY/UNIT UNIT PRICE AMOUNT FOB DALIAN CHINA

300CTNS　LADY'S JUMPER 1,000PCS @$11.00 USD11000.00

MAN'S JUMPER 2,000PCS @$11.00 USD22000.00

TOTAL: USD33000.00

（6）B/L NO.: DALNE 131257, INVOICE NO.: INT01B06

（7）NW: 2600KGS, GW: 3800KGS, 1×20'CONTAINER NO.: EASU2608490.

（8）该公司在来料加工合同 TH9621003 项下出口男、女羽绒短上衣，分列手册（编号 B09009301018）第 2、3 项，外汇核销单编号：215157263，计量单位：件/千克。

（9）大连海东国际货运有限公司于 2016 年 3 月 25 日向大连海关申报出口，提单日期为 2016 年 3 月 26 日。

（10）该男、女羽绒短上衣的商品编码分别为 6201.9310、6202.1310。

中华人民共和国出入境检验检疫出境货物报检单

报检单位（加盖公章）： *编号________

报检单位登记号： 联系人： 电话： 报检日期： 年 月 日

发货人	(中文)				
	(外文)				
收货人	(中文)				
	(外文)				
货物名称(中/外文)	H.S.编码	产地	数/重量	货物总值	包装种类及件数

运输工具名称号码		贸易方式		货物存放地点	
合同号		信用证号		用途	
发货日期		输往国家(地区)		许可证/审批号	
启运地		到达口岸		生产单位注册号	
集装箱规格、数量及号码					

合同、信用证订立的检验检疫条款或特殊要求	标记及号码	随附单据(画“√”或补填)	
		□合同 □信用证 □发票 □换证凭单 □装箱单	□厂检单 □包装性能结果单 □许可/审批文件 □ □

需要证单名称(画“√”或补填)		*检验检疫费	
□品质证书 □重量证书 □数量证书 □兽医卫生证书 □健康证书 □卫生证书	□动物卫生证书 □植物检疫证书 □熏蒸/消毒证书 □出境货物换证凭单 □通关单	总金额 (人民币元)	
		计费人	
		收费人	

报检人郑重声明： 1. 本人被授权报验。 2. 上列填写内容正确属实，货物无伪造或冒用他人的厂名、标志、认证标志，并承担货物质量责任。 签名：________	领取证单
	日期
	签名

学习情境七　原产地证的缮制

学习目标

知识目标：掌握原产地证的含义及种类。

技能目标：能根据合同、信用证及有关资料正确缮制原产地证。

情境导入

新锐贸易公司的单证员张敏查阅了信用证条款，发现本批货物还需要提供原产地证明书，于是张敏根据要求向相关机构申请产地证书，那么外贸出口需要的产地证书有哪些种类?他们的主要作用分别是什么呢?

任务一 缮制原产地证

任务二 缮制普惠制产地证

任务一　缮制原产地证

一、原产地证的含义

原产地证（Certificate of Origin），是出口国的特定机构出具的证明其出口货物为该国家（或地区）原产的一种证明文件。《中华人民共和国出口货物原产地证明书》是证明有关出口货物原产地为中华人民共和国的证明文件。

二、原产地证的种类

产地证分为一般产地证和普惠制产地证。一般产地证的全称是 CERTIFICATE OF

ORIGIN。C.O.产地证又称一般产地证，是原产地证的一种。C.O.产地证是用以证明有关出口货物制造地的一种证明文件，是货物在国际贸易行为中的“原籍”证书，在特定情况下进口国据此对进口货物给予不同的关税待遇。中国为出口货物签发的原产地证书如下。

1. 非优惠原产地证书

《中华人民共和国原产地证书》即通常所称的“一般原产地证书”，简称CO证书。该证书是根据《中华人民共和国进出口货物原产地条例》为中国出口货物签发的原产地证书。签证依据为《中华人民共和国进出口货物原产地证条例》及《关于非优惠原产地规则中实质性改变标准的规定》。对仅在中国进行简单的加工装配，未取得中国原产资格的产品，可以申请“加工装配证书”。对仅在中国进行转口，未经过任何加工的货物，可以签发“转口证书”。C.O.产地证则是各国海关据以征收关税和实施差别待遇的有效凭证。该证书的主要作用包括：核定关税的依据；确定采用何种非关税措施的依据；国家贸易统计和制定政策的依据。

2. 优惠性原产地证书

普惠制原产地证书（即FORM A证书）是指根据普惠制给惠国原产地规则和有关要求签发的原产地证书，它是受惠国货物出口到给惠国时享受普惠制关税优惠待遇的官方凭证。普惠制原产地证书上所列的商品只有符合有关给惠国的普惠制原产地规则才有资格享受减免关税待遇。给予中国普惠制待遇的国家共有39个，分别为英国、法国、德国、意大利、荷兰、卢森堡、比利时、爱尔兰、丹麦、希腊、西班牙、葡萄牙、奥地利、瑞典、芬兰、波兰、匈牙利、捷克、斯洛伐克、斯洛文尼亚、爱沙尼亚、拉脱维亚、立陶宛、塞浦路斯、马耳他、保加利亚、罗马尼亚、瑞士、列支敦士登、挪威、俄罗斯、白俄罗斯、乌克兰、哈萨克斯坦、日本、澳大利亚、新西兰、加拿大、土耳其。

3. 专用原产地证书

专用原产地证书是国际组织或国家根据整治和贸易措施的需要，针对某一特殊行业的特定产品规定的原产地证书。专用原产地证书上所列的产品均属某一特殊行业的某项特定产品，这些产品应符合特定的原产地规则。签证依据为中国政府与外国政府签订的双边协议规定，如《输欧盟农产品原产地证书》、原产地命名证书（《托考依葡萄酒原产地名称证书》《皇帝牌葡萄酒真实性证书》《奶酪制品证书》）、《烟草真实性证书》《金珀利进程正国际证书》《手工制品原产地证书》和《原产地标记证书》等。

三、一般原产地证的缮制方法

1. Exporter（出口商品名称、地址、国别）

此栏出口商名称必须是经检验检疫局登记注册的，其名称、地址必须与注册档案一致。必须填明在中国境内的出口商详细地址、国名（CHINA）。如果出口单位是其他国家或地区某公司的分公司，申请人要求填境外公司名称时可填写，但必须在中国境内的出口商名称后加上“ON BEHALF OF（O/B）”或“CARE OF（C/O）”再加上境外公司名称。

2. Consignee（收货人的名称、地址和国别）

一般应填写最终收货人名称，即提单通知人或信用证上特别声明的收货人，如最终收货人不明确或为中间商时可填“TO ORDER”字样。

3. Means of transport and route（运输方式和路线）

填明装货港、目的港名称及运输方式（海运、空运或陆运）。经转运的，应注明转运地。格式为“FROM...TO...BY...(VIA...)”。多式联运要分阶段说明。

4. Country/region of destination（目的地）

此栏指货物最终运抵港或国家、地区。

一般应与最终收货人（第 2 栏）一致。不能填写中间商国家名称。

5. For certifying authority use only

签证机构专用栏，此栏留空。

签证机构在签发后发证书、补发证书或加注其他声明时使用。

6. Marks and numbers（唛头及包装号）

此栏应照实填写出口发票上所列唛头的完整图案、文字标记及包装号。如唛头多本栏填不下，可填在第 7、8、9 栏的空白处，如还不够，可以附页填写。如图案文字无法缮制，可附复印件，但须加盖签证机构印章。如无唛头，应填“N/M”字样。此栏不得出现“香港、台湾或其他国家和地区制造”等字样。

7. Number and kind of packages;description of goods（商品名称、包装及种类）

此栏应填明商品总称和具体名称。在商品名称后须加上大写的英文数字并用括号加上阿拉伯数字及包装种类或度量单位。如同批货物有不同品种则要有总包装箱数。

最后应加上截止线（***），以防止填伪造内容。国外信用证有时要求填具合同、信用证号码等，可加在截止线下方空白处。

8. H.S.Code（商品编码）

此栏要求填写四位数的 H.S.税目号，若同一证书含有多种商品，应将相应的税目号全部填写。

9. Quantity（数量和重量）

此栏应填写商品的计量单位。以重量计算的要填注毛重或净重。若同一证书包含多种商品，则量值的填写必须与 7、8 栏中商品名称、商品编码相对应，有的还必须填写总数。

10. Number and date of invoices（发票号与日期）

此栏不得留空，必须按照所申请出口货物的商业发票填写。月份一律用英文缩写。该栏日期应早于或同于 11 和 12 栏的申报和签发日期。

11. Declaration by the exporter（出口商声明）

该栏由申领单位已在签证机构注册的人员签字并加盖企业中英文印章，手签人的签字与印章不得重合。同时填写申领地点和日期，该栏日期不得早于发票日期（第 10 栏）。

12. Certification（签证机构注明）

申请单位在此栏填写签证日期和地点，然后由签证机构已授权的签证人签名、盖章。

签发日期不得早于发票日期（第 10 栏）和申请日期（第 11 栏）。如有信用证要求填写签证机关名称、地址、电话、传真及签证人员姓名的，需仔细核对，要求准确无误。

一般原产地证明书（C.O.）可以分为两种，一种是由中国国际贸易促进委员会（简称 CCPIT）签发，另一种是由中国进出口检验检疫中心（简称 CIQ）签发。其中，CCPIT 是可以代表中国国际商会的机构，所以国外进口商要求出口方出具由中国商会签发的 C.O.时，可以去贸促会加盖“CCPIT 代表中国商会”的章。

实例体验

ORIGINAL

1.Exporter YINGKOU XINRUI IMPORT & EXPORT CO., LTD 51,HAIBIN ROAD YINGKOU,CHINA 2.Consignee LOTTE COMPANY TTY57-4, Busan，Korean	Certificate No. **CERTIFICATE OF ORIGIN** **OF** THE PEOPLE'S REPUBLIC OF CHINA
3.Means of transport and route FROM YINGKOU TO BUSAN BY SEA 4.Country / region of destination KOREA	5.For certifying authority use only

6.Marks and numbers	7.Number and kind of packages; description of goods	8.H.S.Code	9.Quantity	10.Number and date of invoices
L.C YK2016 BUSAN C/NO.1-UP	COTTONS SHIRT SAY TOTAL SIXTY (60) CARTONS ONLY *******************************	8624.0044	1600PCS	YK 001 MAR.19，2016

11.Declaration by the exporter The undersigned hereby declares that the above details and statements are correct, that all the goods were produced in China and that they comply with the Rules of Origin of the People's Republic of China. 新锐进出口贸易公司 YINGKOU MAY.19，2016 张敏 -- Place and date, signature and stamp of authorized signatory	12.Certification It is hereby certified that the declaration by the exporter is correct. 中国贸易促进委员会 营口 MAY.21，2016 黄秀丹 -- Place and date, signature and stamp of certifying authority

任务二 缮制普惠制产地证

一、普惠制产地证的含义

普惠制产地证（FORM A 或 GSP FORM A）是根据发达国家给予发展中国家的一种关税优惠制度——普遍优惠制签发的一种优惠性原产地证。采用的是格式 A，证书颜色为绿色。在对外贸易中，可简称为 FORM A 或 GSP FORM A。

二、普惠制产地证的缮制方法

普惠制产地证书标题栏（右上角），填上检验检疫机构编定的证书号。在证头横线上方填上“中华人民共和国”。国名必须填打英文全称，不得简化。例如，Issued in THE PEOPLE'S REPUBLIC OF CHINA（国内印制的证书，已将此印上，无须再填打）。

1. 出口商名称、地址、国家

此栏带有强制性，应填明详细地址，包括街道名、门牌号码等。中国地名的英文译音应采用汉语拼音，如 GUANGDONG（广东）、GUANGZHOU（广州）、SHANTOU（汕头）等。例如，CHINA ARTEX（HOLDING）COPR. GUANGDONG CO. NO.119，LIUHUA ROAD，GUANGZHOU，CHINA。

2. 收货人的名称、地址、国家

该栏应填给惠国最终收货人名称（即信用证上规定的提单通知人或特别声明的收货人），如最终收货人不明确，可填发票抬头人，但不可填中间转口商的名称。

欧洲联盟、挪威对此栏是非强制性要求，如果商品直接运往上述给惠国，而且进口商要求将此栏留空时，则可以不填。

3. 运输方式及路线（就所知而言）

例如，ON/AFTER NOV.6, 2014 FROM GUANGZHOU TO HONG K0NG BY TRUCK, HENCE TRANSHIPPED T0 HAMBURG BY SEA.

一般应填装货、到货地点（始运港、目的港）及运输方式（如海运、陆运、空运）。转运商品应加上转运港，如 VIA HONGKONG。该栏还要填明预定自中国出口的日期，日期必须真实，不得捏造。对输往内陆给惠国的商品，如瑞士、奥地利，由于这些国家没有海岸，因此如系海运，都须经第三国再转运至该国，填证时应注明。例如，ON/AFTER NOV.6，2000 BY VESSEL FROM GUANGZHOU TO HAMBURG W/T HONG KONG，IN TRANSIT TO SWITZERLAND。

4. 供官方使用

此栏由签证当局填写，申请签证的单位应将此栏留空。正常情况下此栏空白。特殊情况下，签证当局在此栏加注如下内容：

（1）货物已出口，签证日期迟于出货日期签发“后发”证书时，此栏盖上“ISSUED RETROSPECTIVELY”红色印章。

（2）证书遗失、被盗或损毁，签发“复本”证书时盖上“DUPLICATE”红色印章，并在此栏注明原证书的编号和签证日期同时声明原证书作废，其文字是“THIS CERTIFICATE IS IN REPLACEMENT OF CERTIFICATE OF ORIGIN NO. DATED WHICH IS CANCELLED”。

5. 商品顺序号

如同批出口货物有不同品种，则按不同品种、发票号等分列“1”、“2”、“3”……以此类推。单项商品，此栏填“1”。

6. 唛头及包装号

例如：B0073BRCT23-1

HAMBURG，GERMANY

C/NO.001-150

（1）填具的唛头应与货物外包装上的唛头及发票上的唛头一致。

（2）唛头不得出现中国以外的地区或国家制造的字样，如 MADE IN HONG KONG 等。如货物无唛头应填“无唛头”，即“N/M”或“NO MARK”。如唛头过多，此拦不够填，可填打在第 7、8、9、10 栏截止线以下的空白处。如还不够，此栏打上“SEE THE ATTACHMENT”，用附页填打所有唛头（附页的纸张要与原证书一般大小），在右上角打上证书号，并由申请单位和签证当局授权签字人分别在附页末页的右下角和左下角手签、盖印。附页手签的笔迹、地点、日期均与证书第 11、12 栏相一致。

7. 包件数量及种类、商品的名称

例如：ONE HUNDRED AND FIFTY〈150〉CARTONS 0F WORKING GLOVES.

（1）包件数量必须用英文和阿拉伯数字同时表示，如上例。

（2）商品名称必须具体填明，不能笼统填“MACHINE”（机器）、“GARMENT”（服装）等。对一些商品，如玩具电扇应载明为“TOYS：ELECTRIC FANS”，不能只列“ELECTRIC FAN”。

（3）商品的商标、牌名（BRAND）及货号（ARTICLE NUMBER）一般可以不填。商品名称等项列完后应在下一行加上表示结束的符号，以防止加填伪造内容。

（4）国外信用证有时要求填具合同、信用证号码等，可加填在此栏空白处。

8. 原产地标准

此栏用字最少，但却是国外海关审核的核心项目。对含有进口成分的商品，因情况复杂，国外要求严格，极易弄错而造成退证查询，应认真审核、慎重填具。现将填写该栏原产地标准符号的一般规定说明如下：

（1）对于完全原产自我国的产品，填“P”。

（2）加拿大：对于在两个或两个以上最不发达国家加工制造的符合原产地标准的产品，填“G”，其他填“F”。

（3）日本、挪威、瑞士、欧盟、土耳其和波兰：填“W”和产品的四位数 HS 品目号。

（4）俄罗斯、白俄罗斯、乌克兰、哈萨克斯坦、捷克、斯洛伐克：对于在我国增值的产品，填“Y”和非原产成分占产品离岸价的百分比；对于仅在其他受惠国和我国生产的并在我国完成最后工序从我国出口的产品，填“PK”。

（5）澳大利亚和新西兰：可不填。

9. 毛重或其他数量

此栏应以商品的正常计量单位填写，如“只”“件”“双”“台”、打”等。以重量计算的则填毛重，只有净重的，填净重也可，但要标上 N.W.（NET WEIGHT）。例如，3200 DOZ.或 6270 KG.

10. 发票号码及日期

例如：PHK50016 Nov.2, 2014

此栏不得留空。月份一律用英文（可用缩写）表示，此栏的日期必须按照正式商业发票填具，发票日期不得迟于出货日期。

11. 签证当局的证明

此栏填具检验检疫局的签证地点、日期，如“GUANGZHOU NOV.3, 2014”。检验检疫局签证人经审核后在此栏〈正本〉签名，盖签证印章，此栏日期不得早于发票日期（第 10 栏）和申报日期（第 12 栏），而且应早于货物的出运日期（第 3 栏）。

12. 出口商的申明

在生产国横线上填英文的“中国”（CHINA）。进口国横线上填最终进口国，进口国必须与第 3 栏目的港的国别一致，如“德国”。凡货物运往欧盟十五国范围内，进口国不明确时，进口国可填 EU。另外，申请单位应授权专人在此栏手签，标上申报地点、日期，并加盖申请单位中英文印章。手签人手迹必须在检验检疫局注册备案，并保持相对稳定。例如，GUANGZHOU　NOV.2, 2014。此栏日期不得早于发票日期（第 10 栏），最早是同日。盖章时应避免覆盖进口国名称和手签人姓名。本证书一律不得涂改，证书不得加盖校对章。

实例体验

单证员张敏根据合同及信用证去检验检疫机构办理普惠制产地证。

1．Goods consigned from (Exporter's business name, address, country) YINGKOU XINRUI IMPORT & EXPORT CO., LTD 51,HAIBIN ROAD YINGKOU,CHINA	Reference No. GENERALIZED SYSTEM OF PREFERENCES CERTIFICATE OF ORIGIN (Combined declaration and certificate)
2. Goods consigned to (Consignee's name, address, country) LOTTE COMPANY TTY57-4, Busan，Korean	Issued in　THE PEOPLE'S REPUBLIC OF (country) See Notes overleaf
3．Means of transport and route (as far as known) FROM YINGKOU TO BUSAN BY SEA	4．For official use

5. Item number	6．Marks and numbers of packages	7．Number and kind of packages; description of goods	8．Origin criterion (see Notes overleaf)	9．Gross weight or other quantity	10．Number and date of invoices
1	L.C YK2016 BUSAN C/NO.1-UP	COTTONS SHIRT SAY TOTAL SIXTY (60) CARTONS ONLY ******************************	"P"	14300KGS	YK 001 MAR.19，2016

11．Certification	12．Declaration by the exporter
It is hereby certified, on the basis of control carried out, that the declaration by the exporter is correct. 中华人民共和国 出入境检验检疫局（营口） YINGKOU　MAY.21，2016　林木 Place and date, signature and stamp of certifying authority	The undersigned hereby declares that the above details and statements are correct, that all the goods were produced in　CHINA (coun try) and that they comply with the origin requirements specified for those goods in the Generalized System of Preferences for goods exported to KOREA 新锐进出口 贸易公司 YINGKOU　MAY.19，2016 张敏 Place and date, signature and stamp of authorized signatory

技能训练

根据信用证（NO.:01/15/14020M）有关内容，缮制普惠制产地证一份。

（1）本信用证项下货物的运输方式为海运，所有货物均产自中国。

（2）本信用证下的发票号码为23M10，开票日期为MAR.12.2016。

（3）普惠制产地证签证机构的签证日期为MAR.13.2016.，地点为广州，出口商签证日期为MAR.12.2016。

（4）本信用证项下的货物包装规格及唛头如下：

① XUWANG DOCUMENTATION SYSTEMS:	② XUWANG EDUCATION SYSTEMS:
每10套装一纸箱	每10盒装一纸箱
唛头： BLG TREE LONDON CTNS# 1-300	唛头： BLG TREE LONDON CTNS# 1-500

信用证资料如下：

ISSUING BANK: STANDARD CHARTERED BANK, LONDON

ADVISING BANK: BANK OF CHINA GUANGZHOU

APPLICANT: PETRICO INTERNATIONAL TRADING CORP. UO SHEPPARD ARENUE EAST SUITE 406 WILLOWDALE ONTARIO CANADA M2K W2

BENEFICIARY: XUWANG BUSINESS COMPUTING CO. LTD RM. NA34. ZIJINGYUAN HOTEL OF ZHONGSHAN UNIVERSITY, GUANGZHOU.P.R. CHINA.

FORM OF L/C: IRREVOCABLE

L/C NO: 01/15/14020M

ISSUE DATE:16.02.22

EXPIRY DATE/PLACE: 16.04.30 IN COUNTRY OF BENEFICIARY

L/C AMOUNT: USD4,458,314.00

AMOUNT SPECIFICATION: CIF

AVAILABLE WITH/BY: FREELY AVAILABLE BY NEGOTIATION

DRAFTS: AT SIGHT DRAWN ON OURSELVES

TRANSPORT DETAILS: FROM CHINESE PORT NOT LATER THAN 15TH APRIL 2016 TO TORONTO, CANADA

DESCRIPTION OF GOODS:

XUWANG DOCUMENTATION SYSTEMS VERSION 5.0 1000SETS

XUWANG DOCUMENTATION SYSTEMS VERSION 6.0 2000SETS

XUWANG EDUCATION SYSTEMS 5000 BOXES

DOCUMENTS REQUIRED: CERTIFICATE OF ORIGIN FORM A DULY NOTARIZED IN SIX COPIES.

CONDITIONS: CONSIGNEE-BIG TREE BUSINESS CO. LTD SUNRISE STREET EAST, TORONTO, CANADA.

<table>
<tr><td colspan="3">1.goods consigned from (Exporter' s name, address, country)</td><td colspan="3" rowspan="2">Reference No.

GENERALIZED SYSTEM OF PREFERENCES CERTIFICATE ORIGIN
(combined declaration and certificate)
FORM A
Issued in **THE PEOPLE' S REPUBLIC OF CHINA**
(COUNTRY)

see notes. overleaf</td></tr>
<tr><td colspan="3">2. goods consigned to (Consignee' s name, address, country)</td></tr>
<tr><td colspan="3">3.Means of transport and route(as far as known)</td><td colspan="3">4.For official use</td></tr>
<tr><td>5. Item number</td><td>6. Marks and numbers</td><td>7. Number and kind of packages; description of goods</td><td>8. Origin criterion (seenotes overleaf)</td><td>9. Gross weight or other Quantity</td><td>10. Number and date of invoices</td></tr>
<tr><td colspan="3">11. **Certification**
It is hereby certified, on the basis of control out, that the declaration by the exporter is correct.

....
Place and date, signature and stamp of certifying authority</td><td colspan="3">12. **Declaration by the exporter**
The undersigned hereby declares that the above details and statements are correct; that all the goods were produced in **CHINA** and that they comply with the origin requirements specified for those goods in the generalized system of preferences for goods exported to

....
(importing country)
....
Place and date, signature and stamp of certifying authority</td></tr>
</table>

学习情境八　出口货物报关单的缮制

学习目标

知识目标：掌握出口报关单的含义及作用。

技能目标：能根据合同、信用证及有关资料正确缮制出口货物报关单。

情境导入

新锐贸易公司的单证员张敏在完成普惠制产地证申请及报检工作后，需要申报货物进行出口报关，填写出口货物报关单。那么，报关单缮制的原则是什么?报关单的缮制要点有哪些?

任务　缮制出口货物报关单

任务　缮制出口货物报关单

一、出口货物报关单的含义及作用

1. 出口货物报关单含义

出口货物报关单是指出口货物的收发货人或其代理人，按照海关规定的格式对出口货物的实际情况作出书面申明，以此要求海关对其货物按照适用的海关制度办理通关手续的法律文书。它是出口商向海关申报出口的重要单据，也是海关直接监督出口行为、核准货物放行及对出口货物汇总统计的原始资料，直接决定了出口外销活动的合法性。出口货物报关单由中华人民共和国海关统一印制。

2. 出口货物报关单作用

出口货物报关单用于确认货物是否真正出口或进口，是海关出具的进出口的正式凭证。其作用为：

（1）企业出口退税。

（2）企业结汇核销。

二、出口货物报关单的填制规范

出口货物报关单样单如表 8-1 所示。

表 8-1　出口货物报关单

中华人民共和国海关出口货物报关单

预录入编号：　　　　　　　　　　　　　　海关编号：

出口口岸	备案号	出口日期	申报日期
经营单位	运输方式	运输工具名称	提运单号
发货单位	贸易方式	征免性质	结汇方式
许可证号	运抵国（地区）	指运港	境内货源地
批准文号	成交方式　运费	保费	杂费
合同协议号	件数　包装种类	毛重（公斤）	净重（公斤）
集装箱号	随附单据		生产厂家
标记唛码及备注			
项号　商品编码　商品名称　规格型号　数量及单位　最终目的国（地区）单价　总价　币制　征免			
税费征收情况			
录入员　录入单位	兹声明以上申报无讹并承担法律责任	海关审单批注及放行日期（签章） 审单　审单	
报关员	申报单位（签章）		
单位地址：		征税　统计	
邮编　电话	填制日期	查验　放行	

1. 预录入编号

预录入报关单的编号，用于申报单位与海关之间引用其申报后尚未接受申报的报关单。

2. 海关编号

海关编号指海关接受申报时给予报关单的编号。由海关给出自打印海关编号为18位数字。

3. 进口口岸/出口口岸

该项指货物实际进出我国关境口岸海关的名称。

（1）填写实际进出关境的口岸名称（只填海关名称即可，不需要填代码。有隶属海关时，不填直属海关）及其代码（4位代码）。

（2）进口转关：填报进境地海关名称及代码；出口转关：填报出境地海关名称及代码。

（3）由港口分析填写提单 port of discharge 或 port of loading。

4. 备案号

备案号指进出口企业在海关办理合同备案手续时，海关给予的编号。一般贸易不填，需要备案的贸易方式才填。

5. 合同协议号

该项填报进出口货物合同（包括协议或订单）编号。

6. 进口日期/出口日期

运输工具中申报进境（处境）进口日期必须与运输工具进境日一致，出口日期供海关打印报关单证明联用，不填，要求8位。

7. 申报日期

该项指海关接受进出口货物申报的日期。电子报关为海关计算机系统接受申报日期。纸质报关为海关接受纸质报关单日期。申报日期为8位数字，顺序为年（4位）、月（2位）、日（2位）。本栏目在申报时免予填报。

8. 经营单位

该项指对外签订并执行进出口贸易合同的企业。

（1）填报经营单位名称及编码。

（2）代理进出口时填报代理方；外商投资企业委托进出口时，填报外商投资企业，并在标记唛码及备注栏注明“委托某公司进口”。

（3）签约企业与执行企业不同时，以执行企业为主。

9. 收货单位/发货单位

收货单位填报已知的进口货物在境内的最终消费、使用单位的名称；发货单位填报出口货物在境内的生产或销售单位的名称。

10. 申报单位

自理报关的，本栏目填报进出口企业的名称及海关注册编码；委托代理报关的，本栏目填报经海关批准的报关企业名称及海关注册编码。

本栏目还包括报关单左下方用于填报申报单位有关情况的相关栏目，包括报关员、报关单位地址、邮政编码和电话号码等栏目。

11. 运输方式

载运货物进出关所使用的运输工具的分类“1.水路、2.铁路、3.公路、4.航空、5.邮件”，选择填报相应的运输方式名称或代码。

12. 运输工具名称

载运货物进出境的运输工具名称或编号。一份报关单只许填报一个运输工具名称。

（1）水路运输：填报船舶编号（来往港澳小型船舶为监管簿编号）或船舶英文名称。

（2）公路运输：填报车牌号。

（3）铁路运输：填报车厢编号或交接单号。

（4）航空运输：填报航班号。

（5）邮件运输：填报邮政包裹单号。

（6）其他运输：填报具体运输方式名称，如管道、驮畜等。

13. 航次号

载运货物进出境的运输工具的航次编号。

（1）水路运输：填报船舶的航次号。

（2）公路运输：填报运输车辆的8位进出境日期〔顺序为年（4位）、月（2位）、日（2位），下同）。

（3）铁路运输：填报列车的进出境日期。

（4）航空运输：免予填报。

（5）邮件运输：填报运输工具的进出境日期。

（6）其他运输方式：免予填报。

14. 提运单号

进出口货物提单或运单的编号。

一份报关单只允许填报一个提单或运单号，一票货物对应多个提单或运单时，应分单填报。

15. 贸易方式（监管方式）

海关规定的贸易方式简称及代码。（一般只填名称）

一份报关单只允许填报一种监管方式。一般贸易、来料加工、进料加工等由贸易业务分析填报。

16. 征免性质

海关规定对进出口实施征免性质填报。

17. 征税比例/结汇方式

征税比例不填，结汇方式如下：

（1）出口货物的发货人收结外汇的方式。

（2）T/T、D/P、D/A、L/C。

（3）发票中“L/C NO”。

18. 许可证号

应申领许可证的货物，填报许可证编号。

19. 启运国（地区）/运抵国（地区）

启运国（地区）填报进口货物起始发出直接运抵我国或在运输中转国（地）未发生任何商业性交易的情况下运抵我国的国家（地区）。

运抵国（地区）填报出口货物离开我国关境直接运抵或在运输中转国（地区）未发生任何商业性交易的情况下最后运抵的国家（地区）。

中转地发生商业性交易则以中转地作为转运/抵运国；由港口分析填报提单中“Port

of Loading”或“Port of Discharge”。

20. 装货港/指运港

装货港填报进口货物在运抵我国关境前的最后一个境外装运港。

指运港填报出口货物运往境外的最终目的港。

21. 境内目的地／境内货源地

境内目的地填报已知的进口货物在国内的消费、使用地或最终运抵地。

境内货源地填报出口货物在国内的产地或原始发货地。本栏目按海关规定的《国内地区代码表》选择填报相应的国内地区名称及代码。一般根据收货单位、发货单位所在地填报。

22. 批准文号

出口报关单填报《出口收记核销单》编号。

23. 成交方式

该项指货物成交的贸易术语 1FOB CIF CFR 为主（C&F C&I）2“Amount”或“Description of Goods”。

24. 运费

货物的国际运输费用。进口无（FOB CFR CIF），出口有（CFR FOB CIF）。

25. 保费

该项填报进口货物国际保险费用。

（1）用于进口不含保费，出口含有保费的货物填报。

（2）可按总价或保费率两种方式之一填报。

（3）表示方法。保费率：千分之 3～0.3/1。

26. 杂费

该项填报成交价格以外的应计入完税价格或应从完税价格中扣除的费用。

27. 件数

外包装的进出口货物的实际件数。

（1）有托盘填报托盘件数。

（2）列明包装件数的填包装数。

（3）舱单件数为集装箱的，填报集装箱个数。

（4）有集装箱又有包装件数的填包装件数。

（5）本栏目不得填报为零，裸装货物填报为“1”或“Description of packages”。

28. 包装种类

进出口货物的实际外包装种类与件数同填。

29. 毛重（千克）

该项填报进出口货物及其包装材料的重量之和，计量单位为千克，不足 1 千克的填报为“1”，1 千克以上保留四位小数“Gross Weight”或“GW”。

30. 净重（千克）

货物本身的实际重量，计量单位为千克，不足 1 千克的填报为“1”，1 千克以上保留四位小数“Not Weight”或“NW”提单中提及本地货物是以毛外净时净重和毛重相同，查不到净重则不填。

31. 集装箱号

集装箱号是在每个集装箱箱体两侧标志的全球唯一的编号。例如，1x20`TEXO3605231 200kg TEXO3605231/20/2000 1x40` TEXO3605441 400kg TEXO3605441/40/4000，其余集装箱编号打印在“备注”。非集装箱货物填报“0”。

32. 随附单证

该项指随报关一并向海关递交的单证（填监管证件）。

（1）合同、发票、装箱单、许可证等除外。

（2）填报要求：填报一个监管“证件代码：证件编号”，其他证件代码和编号填报在“标记唛码及备注”中。

33. 用途 / 生产厂家

进口货物本栏目填报用途，应按海关规定的《用途代码表》选择填报相应的用途代码。出口货物本栏目填报其境内生产企业。

34. 标记唛码及备注

填报要求

（1）标记唛码“Marks”中除图形以外的文字、数字。

（2）受外商投资企业委托代理其进口投资设备、物品的进出口企业名称。

（3）其余的集装箱号。

（4）其余随附单据的证件代码及编号。

35. 项号

本栏目分两行填报及打印。第一行填报关单中的商品顺序编号；第二行填报货物在《加工贸易手册》或《征免税证明》中的项号。

手册号在发票中查“男女上衣分到《加工贸易手册》第5～6位”。

36. 商品编号

该项指按商品分类编码规则确定的商品编号。

37. 商品名称、规格型号

本栏目分两行填报及打印。第一行填货物规范的中文商品名称，第二行填报规格型号。

38. 数量及单位

本栏目分三行填报及打印。第一行填法定第一计量单位及数量；第二行填法定第二计量单位及数量；第三行填成交计量单位及数量。

39. 原产国（地区）/最终目的国（地区）

原产国（地区）指进口货物的生产、开采或加工制造国家（地区）

最终目的国（地区）指已知的出口货物的最终实际消费、使用或进一步加工制造的国家（地区）。

40. 单价（Unit price）

该项填报货物实际成交的单位价格（只填数，保留两位小数）。

41. 总价（Amount）

该项填报货物实际成交总价格。

42. 币制

该项填报货物实际成交价格的货币名称及代码。

43. 征免

其他贸易正常税，其余全免。

实例体验

中华人民共和国海关出口货物报关单

预录入编号： 海关编号：

出口口岸 营口海关 0900	备案号		出口日期 2016.6.30	申报日期 2016.6.24
经营单位 营口新锐进出口贸易公司	运输方式 江海运输	运输工具名称 DESHENG V.126		提运单号 YK098
发货单位 营口新锐进出口贸易公司	贸易方式 一般贸易	征免性质 一般征税	结汇方式信用证	
许可证号 04HZ12345	运抵国（地区） 韩国	指运港 釜山		境内货源地 营口
批准文号	成交方式 CIF	运费 502/260/3	保费	杂费
合同协议号 YK2016	件数 60	包装种类 箱	毛重（公斤） 660KGS	净重（公斤） **600KGS**
集装箱号	随附单据			生产厂家 营口服装厂

标记唛码及备注

L.C
YK2016
BUSAN
C/NO.1-60

项号	商品编号	商品名称、规格型号	数量及单位	最终目的国（地区）单价	总价	币制	征免
	8624.0067	纯棉 T 恤		韩 国		502	照章
01		S	300 件	10.00	3000.00		
02		M	200 件	15.00	3000.00		
03		L	**100 件**	**13.00**	**1300.00**		
			600 件		**7300.00**		

税费征收情况

录入员 录入单位 **3765127799** **张敏**	兹声明以上申报无讹并承担法 营口新锐进 出口贸易公司	海关审单批注及放行日期(签章) 审单 审价
报关员	申报单位（签章）	征税 统计
单位地址 营口市滨海新区 16 号		查验 放行
邮编 1100001 电话 0417—6250474	填制日期 2016.6.22	

技能训练

根据下列资料，填制出口货物报关单一份。

（1）THE SELLER: DALIAN YAWEI GARMENT CO.,LTD.中韩合资大连亚威服装有限公司（2115930064）

（2）THE BUYER: WAN DO APPAREL CO.LTD, 550-17, YANGCHUN-GU, SEOUL, KOREA

（3）PORT OF LOADING: DALIAN CHINA, FINAL DESTINATION: INCHON KOREA, CARRIER: DAIN/431E

（4）TERMS OF PAYMENT: DOCUMENTS AGAINST ACCEPTANCE

（5）NO.S OF PACKAGES DESCRIPTION QTY/UNIT UNIT PRICE AMOUNT

				FOB DALIAN CHINA
260CTNS	LADY'S JUMPER	1,300PCS	@$11.00	USD14,300.00
	MAN'S JUMPER	1,300PCS	@$11.00	USD14,300.00

TOTAL:USD28,600.00

（6）B/L NO.: DAINE 431227, INVOICE NO.: YD01A08

（7）NW: 2600KGS, GW: 3380KGS, 1×20'CONTAINER NO.: EASU9608490.

（8）该公司在来料加工合同 9911113 项下出口男、女羽绒短上衣，分列手册（编号 B09009301018）第 2、3 项，外汇核销单编号：215157263，计量单位：件/千克。

（9）大连亚东国际货运有限公司于 2016 年 3 月 25 日向大连海关申报出口，提单日期为 2016 年 3 月 26 日。

（10）该男、女羽绒短上衣的商品编码分别为 6201.9310、6202.1310。

中华人民共和国海关出口货物关单

预录入编号　　　　　　　　　　　　　　　　　　　　　　　　海关编号

出口口岸	备案号	出口日期		申报日期
经营单位	运输方式		运输工具名称	提运单号
发货单位	贸易方式	征免性质		结汇方式
许可证号	运抵（国地区）	指运港		境内货源地
批准文号	成交方式	运费	保费	杂费
合同协议号	件数	包装种类	毛重（公斤）	净重（公斤）
集装箱号	随附单据			生产厂家

标记唛码及备注

项号	商品编号	商品名称规格型号	数量及单位	最终目的地国（地区）	单价	总价	币制	征免

税费征收情况

录入员　　录入单位	兹声明以上申报无讹并承担法律责任	海关单批注及放行日期(签章) 审单审价
报关员 申报单位（签章） 单位地址 邮编　　电话 填制日期		征税　　统计

学习情境九　保险单的缮制

学习目标

知识目标：掌握保险单的含义及种类。

技能目标：能根据合同、信用证及有关资料正确缮制保险单。

情境导入

新锐贸易公司的单证员张敏，按照信用证上的要求需要到中国平安保险股份有限公司办理国际货物运输保险，张敏需要携带哪些单据及如何填制投保单呢？

任务　缮制保险单

任务　缮制保险单

出口货物在长途运送和装卸过程中，有可能会因自然灾害、意外事故或其他外来因素而导致受损。为了保障收货人在货物受损后获得经济补偿，一般在货物出运前，货主都向保险公司办理有关投保事宜，并按合同或信用证要求仔细、认真地填写货物运输险投保单交给保险公司，保险公司若接受了投保，就签发给投保人一份承保凭证即保险单（INSURANCE POLICY）。有时，出口方也可以以出口货物明细单或出口发票副本来代替投保单，但必须加注如运输工具、开航日期、承保险别、投保金额或投保加成、赔款地、保单份数等内容。

一、保险单的定义

保险单简称为保单，是保险人与被保险人订立保险合同的正式书面证明。保险单必须完整地记载保险合同双方当事人的权利义务及责任。保险单记载的内容是合同双方履行的依据，保险单是保险合同成立的证明。

根据我国《保险法》规定，保险合同成立与否并不取决于保险单的签发，只要投保人和保险人就合同的条款协商一致，保险合同就成立，即使尚未签发保险单，保险人也应负赔偿责任。保险合同双方当事人在合同中约定以出立保险单为合同生效条件的除外。

二、保险单的分类

1. S.G.保单

S.G.保单是劳爱德 S.G.标准保单的简称。它是 1906 年英国议会通过的海上保险法的第一附件，成为英国法定的海上标准保险单。由于英国长期以来在海上保险业的主导地位，使得 S.G.保单对全世界保险业有着非同寻常的影响。但是由于该保险单拟定时是将船、货一起作为保险标的承保的，与现代航运业的现状完全背离，所以已于 1983 年 4 月 1 日起被废止。

2. ITC 保单

伦敦保险人协会于 1983 年 10 月 1 日正式使用的船舶定期险保险单。

3. ICC 保单

伦敦保险人协会于 1982 年 1 月 1 日制定，1983 年 3 月 31 日开始实行的海上货物运输保险单。

ICC 保单与 ITC 保单一起取代了早先的 S.G.保单。

4. 大保单

大保单是指正式的保险单，简称“保单”，主要与小保单对应。它是最正式的保险单据形式，又是国际贸易中使用最广的一种保险单据，还是保险人和被保险人之间成立保险合同的正式凭证。

5. 小保单

小保单是保险凭证的简称，又称保险凭证。保险凭证是保险人签发给投保人的，表明其已接受其投保的证明文件，是一种简化的保险单。保险凭证上不载明保单背面保险条款，其余内容与大保单完全相同。凡保险凭证上没有列明的内容均以同类的大保单为准。小保单的法律效力与大保单相同，但不能作为对保险人提出诉讼的依据，因而在国际市场上使用不多。在实务中，小保单一般由保险人签发，也可由保险经纪人作为预约保险单代为签发。

6. 预约保险单

预约保险单是指保险人或保险经纪人以承保条形式签发的，承保被保险人在一定时期内发运的以 C 组术语出口的或以 F 组术语进口的货物运输保险单。它载明保险货物的范围、承保险别、保险费率、每批运输货物的最高保险金额及保险费的计算办法。

保险单样单如图 9-1 所示。

三、保险单的缮制方法

1. 正本份数（Number of Original Policy)

当信用证没有特别说明保险单份数时，出口公司一般提交一套完整的保险单（一份正本 ORIGINAL，一份复联本 DUPLICATE）。当来证要求提供保险单“IN DUPLICATE/IN TWO FOLDS/IN 2 COPIES”时，出口商提交给议付行的是正本保险单（ORIGINAL）和复联保险单（DUPLICATE）构成的全套保险单。其中的正本保险单可经背书转让。根据《UCP600》规定，正本必须有“正本”（ORIGINAL）字样。在实务中，可根据信用证或合同规定使用一份、两份或三份正本保单，每份正本上分别印有：第一正本（THE FIRST ORIGINAL）、第二正本（THE SECOND ORIGINAL）及第三正本（THE THIRD ORIGINAL）以示区别。

货物运输保险单
CARGO TRANSPORTATION INSURANCE POLICY

发票号(INVOICE NO.) IV0001972
合同号(CONTRACT NO.) contract02 保单号次
信用证号(L/C NO.) 002/0000398 POLICY NO. 1030001629
被保险人
Insured：RIQING EXPORT AND IMPORT COMPANY

本公司根据被保险人的要求，由被保险人向本公司缴付约定的保险费，按照本保险单承保险别和背面所载条款与下列特款承保下述货物运输保险，特立本保险单。

THE COMPANY IN ACCORDANCE WITH THE REQUIREMENTS OF THE INSURED BY THE INSURED TO THE COMPANY AGREED TO PAY THE PREMIUMS, IN ACCORDANCE WITH THE INSURANCE COVERAGE AND ON THE BACK OF THE FOLLOWING TERMS AND CONDITIONS CONTAINED IN THE SPECIAL SECTION COVER THE CARRIAGE OF GOODS BY INSURANCE, OF THE INSURANCE TRINIDAD SINGLE.

标记 MARKS&NOS	包装及数量 QUANTITY	保险货物项目 DESCRIPTION OF GOODS	保险金额 AMOUNT INSURED
CANNED LITCHIS JAPAN C/NO.1-1000 MADE IN CHINA	CARTONS	CANNED LITCHIS	JPY 1366855.00

总保险金额
TOTAL AMOUNT INSURED: 壹佰叁拾陆万陆仟捌佰伍拾伍日元整

保费
PERMIUM：JPY 10934.84
启运日期
DATE OF COMMENCEMENT：2010-06-24
装载运输工具
PER CONVEYANCE：TBA

自
FROM：SHANGHAI,CHINA
经
VIA：
至
TO：NAGOYA,JAPAN

承保险别
CONDITIONS：
COVERING ALL RISKS, OCEAN MARINE CARGO CLAUSES.

所保货物，如发生保险单项下可能引起索赔的损失或损坏，应立即通知本公司下述代理人查勘。如有索赔，应向本公司提交保单正本(本保险单共有3份正本)及有关文件。如一份正本已用于索赔，其余正本自动失效。

IN THE EVENT OF LOSS OR DAMAGE WITCH MAY RESULT IN A CLAIM UNDER THIS POLICY, IMMEDIATE NOTICE MUST BE GIVEN TO THE COMPANY' S AGENT AS MENTIONED HEREUNDER. CLAIMS,IF ANY,ONE OF THE ORIGINAL POLICY WHICH HAS BEEN ISSUED IN 3 ORIGINAL(S) TOGETHER WITH THE RELEVENT DOCUMENTS SHALL BE SURRENDERED TO THE COMPANY . IF ONE OF THE ORIGINAL POLICY HAS BEEN ACCOMPLISHED. THE OTHERS TO BE VOID.

国际保险公司
INTERNATIONAL INSURANCE COMPANY

赔款偿付地点
CLAIM PAYABLE AT JAPAN

出单日期
ISSUING DATE August 31th,2011

图 9-1 保险单

2. 发票号码（Invoice No.）

此处填写发票号码。

3. 保险单号码（Policy No.）

此处填写保险公司指定号码。

4. 被保险人（Insured）

如信用证无特别规定，保险单的被保险人应是信用证的受益人。如信用证规定保险单为 TO ORDER OF XXX BANK 或 IN FAVOUR OF XXX BANK，即应在被保险人处填写“XXX 出口公司+HELD TO ORDER OF XXX BANK（或 IN FAVOUR OF XXX BANK）”。在 CIF 或 CIP 价格条件下，被保险人即为卖方（出口商），信用证方式下指的是受益人，托收方式下为委托人。但是实际发生货损时，索赔的权益是买方（进口商），所以保险单以卖方为保险人时，卖方要在保险单的背面进行背书，以示索赔权益转让给保险单的持有人，同时受让人则负担被保险人的义务。如信用证有特殊要求，所有单据以 XXX 为抬头人，那么应在被保险人栏以 XXX 为被保险人，这种保险单就不要背书了。如果信用证规定，保单为第三者名称即中性名义，可打成“被保险利益人”即填写“TO WHOM IT MAY CONCERN”。如果信用证规定，保单为空白抬头（TO ORDER），被保险人名称应填写“TO APPLICANT+出口商 FOR THE ACCOUNT OF WHOM IT MAY CONCERN”。如信用证规定以某公司或某银行为被保险人，可以直接在本栏上填写所规定的名称，无须背书。

5. 保险货物项目（Description of Goods）

此栏填写货物名称，允许填写货物总称。

6. 唛头（Marks and Nos）

保险单唛头应与发票、提单等一致，也可只填“AS PER INVOICE NO. XXX”。

7. 包装及数量（Quantity）

如以包装件数计价者，则将最大包装的总件数填入；如以毛重或净重计价，可填件数及毛重或净重；如果是裸装货物，则表示其件数即可；如是散装货物，则表示其重量，并在其后注明“IN BULK”字样。

8. 保险金额（Amount Insured）

一般按照发票总金额的 110%投保。信用证项下的保险单必须按信用证规定办理。此栏保险金额使用的货币应与信用证使用的货币相一致，大小写保持一致。“TOTAL AMOUNT INSURED”即保险金额的大写数字，以英文表示，末尾应加“ONLY”，以防涂改。

9. 保费（Premium）

一般已由保险公司印就“AS ARRANGED”（如约定）字样。除非信用证另有规定，每笔保费及费率可以不具体表示。

10. 开航日期（Date of Commencement）

一般填写提单的签发日期，也可填写提单签发日前后各五天之内任何一天的日期，或者填“AS PER B/L DATE”。

11. 装载工具（Per Conveyance）

此栏填写装载船的船名。当运输由两程运输完成时，应分别填写一程船名和二程船名。如再转运到内陆加“OTHER CONVEYANCE”。如空运，则填“BY AIR”或“BY AEROPLANCE”；如陆运，则填“BY TRAIN”或“BY WAGON NO.XXX”；如以邮包寄送，则填“BY PARCEL POST”，若采用海陆联运方式，则填“BY S.S XXX AND THENCE BY OVERLAND TRANSPORTATION TO XXX”。

12. 起运地和目的地（From…to…）

此栏填写起运地和目的地名称。当货物经转船到达目的港时，可填写“FROM 装运港 TO 目的港 W/T AT 转运港（WITH TRANSIPMENT AT XXX）”，也可打成“VIA 转运港 AND THENCE TO 投保最终目的地”。例如，货物由上海运达纽约港后转运到芝加哥，提单可打成“FROM SHANHGAI TO NEW YORK AND THENCE TO CHICAGO”或“FROM SHANGHAI TO NEW YORK IN TRANSIT TO CHICAGO”。

13. 承保险别（Conditions）

本栏是保险单的核心内容，填写时应注意保险险别及文句与信用证严格一致，即使信用证中有重复语句，为了避免混乱和误解，最好按信用证规定的顺序填写。如信用证没有规定具体险别，或者只规定“MARINE RISK”“USUAL RISK”或“TRANSPORT RISK”等，则可投保一切险（ALL RISKS）、水渍险（WA 或 WPA）、平安险（FPA）三种基本险中的任何一种。如信用证中规定使用伦敦学会条款，包括修订前后或修订后的，可以按信用证规定承保，保单应按要求填制。投保的险别除注明险别名称外，还应注明险别适用的文本及日期。

14. 货损检验及理赔代理人（Surveying and Claim Settling Agents）

一般选择在目的港或目的港附近有关机构为货损检验、理赔代理人，并详细注明代理人的地址。如果保险单上注明保险责任终止是在内地而非港口，则应填列内地代理人名址。如当地无中国人民保险公司的代理机构，可以注明由当地法定检验机构代为检验。如果信用证自行指定买方选择的代理人，则不应接受。

15. 赔款偿付地点（Claim Payable at）

此栏按合同或信用证要求填制。如果信用证中并未列明确，一般将目的港作为赔付地点。如买方指定理赔代理人，理赔代理人必须在货物到达目的港的所在国内，便于到货后检验，赔款货币一般为投保额相同的货币。

16. 日期（Date）

日期指保险单的签发日期。由于保险公司提供仓至仓（WAREHOUSE TO WAREHOUSE）服务，所以要求保险手续在货物离开出口方仓库前办理。保险单的日期也应是货物离开出口方仓库前的日期。

17. 投保地点（Place）

一般为装运港（地）的名称。

18. 签章（Authorized Singapore）

由保险公司签字或盖章以示保险单正式生效。

19. 背书（Endorsed）

① 空白背书（BLANK ENDORSED），空白背书只注明被保险人（包括出口商名称和经办人的名字）名称。当来证没有规定使用哪一种背书时，也使用空白背书方式。

② 记名背书，当来证要求“DELIVERY TO（THE ORDER OF）XXX COMPANY（BANK）”或“ENDORSED IN THE NAME OF XXX”，即规定使用记名方式背书。具体做法是：在保险单背面注明被保险人的名称和经办人的名字后，打上“DELIVERY TO XXX COMPANY（BANK）”或“IN THE NAME OF XXX”字样。记名背书在出口业务中较少使用。

③ 记名指示背书，来证保单条款规定为“INSURANCE POLICY OR CERTIFICATE IN NEGOTIABLE FORM ISSUED TO THE ORDER OF XXX”时，即规定使用记名指示背书。具体做法是：只要在保险单背面打上“TO ORDEROF XXX”，然后签署被保险人的名称就可以了。

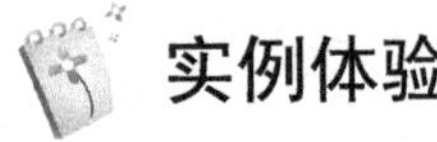

实例体验

中国平安保险股份有限公司

PING AN INSURANCE COMPANY OF CHINA，LTD.

NO. 1000005959 货物运输保险单

CARGO TRANPORTATION INSURANCE POLICY

被保险人：DALIAN RUIXING TOOL IMPORT & EXPORT CO., LTD

Insured

中国平安保险股份有限公司根据被保险人的要求及其所交付约定的保险费，按照本保险单背面所载条款与下列特款，承保下述货物运输保险，特立本保险单。

This Policy of Insurance witnesses that PING AN INSURANCE COMPANY OF CHINA，LTD.，at the request of the Insured and in consideration of the agreed premium paid by the Insured，undertakes to insure the undermentioned goods in transportation subject to the conditions of Policy as per the clauses printed overleaf and other special clauses attached hereon.

保单号 Policy No.　YK1234	赔款偿付地点 Claim Payable at
发票或提单号 Invoice No. or B/L No.　YK 001	KOREA　IN　USD
运输工具 per conveyance S.S.　TAIYANG　V.126	查勘代理人 Survey By:
起运日期 Slg. on or abt.　　自 From　YINGKOU	
至 To　KOREA	
保险金额 Amount Insured	
保险货物项目、标记、数量及包装： Description, Marks, Quantity & Packing of Goods: L.C　COTTONS SHIRT　60 CARTONS YK2016 BUSAN C/NO.1-UP	承保条件 Conditions：TO BE EFFECTED BY SELLERS FOR 110% OF FULL INVOICE VALUE COVERING ALL RISKS AND WAR RISK.
签单日期 Date:　OCT.18. 2016　AT　YINGKOU	ORGIN

For and on behalf of

PING AN INSURANCE COMPANY OF CHINA，LTD.

authorized signature

技能训练

1．商品的有关资料

ALL THE GOODS ARE PACKAGED IN 872 CTNS , AND NET WEIGHT IS 1760KGS,GROSS WEIGHT IS 1890KGS, PAYMENT BY L/C 45DAYS SIGHT，PURCHASER' S ORDER NO.：TIANTANG2381，L/C NO.：NKB210C8，THE GOODS ARE SHIPPED ON 16.5.2.

2．该批商品的发票

CHINA TIANTANG INTERNATIONAL TECHNICAL I/E CORP.

14 TIANTANG VILLAGE，NANJING，CHINA

INVOICE

MESSERS：

NO. : A123　　ABC TOOLS TRADE CO. LTD.

DATE: MAR 9,2016

3/17 SUN BUILDING，SHEARSON CAMBRIDGE

TORONTO ,CANADA

FROM SHANGHAI TO TORONTO　BY SEA

MARKS	DESCRIPTION OF GOODS	QUANTITY	UNIT PRICE	AMOUNT
ABC	6V CORDLESS DRILL -TT1	798PCS	USD10.50	USD8,379.00
34KL-B	6V CORDLESS DRILL -TT2	1070PCS	USD28.00	USD29,960.00
1-728			**CIF** TORONTO	
TOTAL:		1,868PCS		USD38,339.00

CHINA TIANTANG INTERNATIONAL
TECHNICAL I/E CORP.
张林

3．信用证保险条款

DOCUMENTS REQUIRED：

INSURANCE POLICY OR CERTIFICATE IN ASSIGNABLE FORM AND ENDORSED IN BLANK FOR 110 PCT OF INVOICE VALUE WITH CLAIMS PAYABLE AT DESTINATION IN CURRENCY OF DRAFT COVERING ICC (A), INSTITUTE WAR CLAUSES (CARGO), INSTITUTE STRIKES CLAUSES (CARGO), WAREHOUSE TO WARHOUSE CLAUSES AND SHOWING NO. OF ORIGINALS ISSUED.

4．保险单

中国平安保险股份有限公司

PING AN INSURANCE COMPANY OF CHINA，LTD.

NO. 1000005959　　货物运输保险单

CARGO TRANPORTATION INSURANCE POLICY

被保险人：Insured

中国平安保险股份有限公司根据被保险人的要求及其所交付约定的保险费，按照本保险单背面所载条款与下列条款，承保下述货物运输保险，特立本保险单。

This Policy of Insurance witnesses that PING AN INSURANCE COMPANY OF CHINA，LTD.，at the request of the Insured and in consideration of the agreed premium paid by the Insured，undertakes to insure the under mentioned goods in transportation subject to the conditions of Policy as per the clauses printed overleaf and other special clauses attached hereon.

保单号 Policy No.	赔款偿付地点 Claim Payable at
发票或提单号 Invoice No. or B/L No.	
运输工具 per conveyance S.S.	查勘代理人 Survey By:
起运日期　自 Slg. on or abt.　From	
至 To	
保险金额 Amount Insured	
保险货物项目、标记、数量及包装： Description, Marks, Quantity & Packing of Goods:	承保条件 Conditions:
签单日期 Date:	

COPY

For and on behalf of

PING AN INSURANCE COMPANY OF CHINA，LTD

authorized signature

学习情境十　办理交单结汇业务

学习目标

知识目标：熟悉海运提单、汇票、装运通知等结汇单证的含义及作用。

技能目标：能根据合同、信用证及有关资料缮制装运通知汇票、海运提单等结汇单证。

情境导入

营口新锐进出口公司张敏顺利办妥装船手续等工作任务的同时，还应及时向进口方发出装船通知；以便进口方安排收货和保险等事宜。另外，张敏还应按要求着手制定汇票等单据，完成结汇任务。张敏的具体工作任务如下：

任务一 缮制海运提单

任务二 缮制装运通知

任务三 缮制汇票

任务一　缮制海运提单

一、海运提单(Bill of Lading,B/L)

1．含义

海运提单（Bill of Lading）是用以证明海上货物运输合同和货物已由承运人接收或装船，以及承运人保证据以交付货物的单证。根据提单中载明的向记名人交付货物，或者按照指示人的指示交付货物，或者向提单持有人交付货物的条款，构成承运人据以交付货物的保证。

2. 作用

（1）海运提单是承运人或其代理人签发的货物收据（Receipt for the Goods），证明已按提单所列内容收到货物。

（2）海运提单是一种货物所有权的凭证（Documents of Title）。提单的合法持有人凭提单可在目的港向轮船公司提取货物，也可以在载货船舶到达目的港之前，通过转让提单而转移货物所有权，或者凭以向银行办理押汇货款。

（3）海运提单是托运人与承运人之间所订立的运输契约的证明（Evidence of Contract of Carrier）。在班轮运输的条件下，它是处理承运人与托运人在运输中产生争议的依据。

二、海运提单的缮制方法

1. Shipper（托运人）

本栏通常填写信用证的受益人，即买卖合同中的卖方。只要信用证无相反规定，银行也接受以信用证受益人以外的第三方为发货人。

2. Consignee（收货人）

这是提单中比较重要的一栏，应严格按照信用证规定填制。提单收货人按信用证的规定一般有三种填法，即记名抬头、不记名抬头和指示性抬头。

3. Notify Party（通知人）

本栏填写要与信用证的规定一致。例如，信用证提单条款中规定："…Bill of Lading …notify applicant"，则提单通知人栏中要填写开证人的详细名称、地址。

4. Place of Receipt（收货地）

本栏填写船公司或承运人的实际收货地点，如工厂、仓库等。在一般海运提单中，没有此栏，但在多式联运提单中则有此栏。

5. Ocean Vessel（船名）

本栏按配单回单上的船名填写。若货物需转运，则填写第二程船名。

6. Voyage No.（航次）

本栏按配单回单上的航次填写。若货物需转运，则填写第二程航次号。

7. Port of Lading（装货港）

本栏要填实际的装货港口。如有转运，填中转港名称；如无转运，填装运港名称。

8. Port of Discharge（卸货港）

本栏填写货物实际卸下的港口名称。如果货物转运，可在目的港之后加注“With Transshipment at…”。

9. Place of Delivery（交货地）

本栏填写最终目的地名称。如果货物的目的地就是目的港，此栏空白。

10. B/L No.（提单号码）

本栏按配舱回单上的 D/R 号码填写。

11. Marks（唛头）

本栏需要同商业发票上的一致。如果信用证没有规定唛头，此栏可填“N/M”。

12. Nos. & Kinds of PKGS（货物包装及件数）

本栏按货物装船的实际情况填写总外包装件数。

13. Description of Goods（货物名称）

本栏填写货物的名称即可。按照《UCP600》的规定，除商业发票外，在其他一切单据中，货物的描述可使用统称，即主要的商品名称，不需要详细列出商品规格，但不能与信用证中货物的描述抵触。

14. Gross Weight（货物的毛重）

本栏填写货物的毛重，须同装箱单上货物的总毛重一致。如果货物是裸装，没有毛重，只有净重，则在净重前加注“N.W”。本栏一般以公斤为计量单位，保留两位小数。

15. Measurement（尺码）

本栏填写货物的体积，须同装箱单上货物的总尺码一致。本栏一般以立方米为计量单位，保留三位小数。

16. Total Number of Container and /or Packages(In Words)(货物总包装件数的大写）

本栏目填写货物总包装件数的英文大写，应与 12 栏一致。

17. Freight and Charges（运费条款）

除非信用证有特别要求，一般的海运提单都不填写运费的数额，只是表明“Freight Prepaid”或“Freight to Collect”，并且要与所用的贸易术语相一致性。

18. Place and Date of Issue（提单的签发地点和签发日期）

一般为承运人实际装运的地点和时间。

19. Number of Original B(S)/L（正本提单份数）

本栏显示的是船公司为承运此批货物所开具的正本提单的份数，一般是1～3份，并用大写数字如One、Two、Three等。如信用证对提单正本份数有规定，则应与信用证规定一致。例如，信用证规定“3/3 Marine bills of lading…”即表明船公司为信用证项下的货物开立的正本提单必须是三份，且三份正本提单都要提交银行作为单据。

20. Shipped on Board the Vessel Date, Signature（已装船批注、装船日期、装运日期）

根据《UCP600》的规定，如果提单上没有预先印就“已装船（Shipped on Board）”字样的，则必须在提单上加注装船批注（On Board Notation）。在实际业务中，提单上一般都预先印就“已装船（Shipped on Board）”字样，这种提单称为“已装船提单”，不必另行加注“已装船”批注。提单的日期就是装船完毕的日期或装运完毕的日期。

21. Signed for and on Behalf of the Carrier（承运人或其代理人签字、盖章）

根据《UCP600》的规定，提单必须由下列四类人员签署证实，即承运人、承运人的具名代理人、船长、船长的具名代理人。

承运人或船长的任何签字或证实，必须表明“承运人”或“船长”的身份。代理人代表承运人或船长签字或证实时，也必须表明代表的委托人的名称或身份，即注明代理人是代表承运人或船长签字或证实的。

提单不同签发人的表示方式如表10-1所示。

表10-1 提单不同签发人的表示方式

提单不同签发人	表示方式	备注
承运人	XYZ Shipping as earrer（签署）	如果承运人的身份已于单据正面标示，签署栏内可无须再次标示其身份
	as carrier: XYZ Shopping（签署）	
	XYZ Shipping（签署）	
承运人的具名代理人	ABC Co.，Ltd.as agent for XYZ Shipping，carrier（签署）	提单表面上已有承运人身份和名称
	ABC Co.，Ltd.as agent on behalf of XYZ Shipping（签署）	
	ABC Co.，Ltd. as agent for the above named carrier（签署）	
	ABC Co.，Ltd.as agent on behalf of the carrier（签署）	
船长	John Doe（本人签字）as master	姓名不必标注，但须有承运人的身份和名称
船长的具名代理人	ABC Co.，Ltd. as agent for John Doe,master	船长的姓名和代理人名称必须显示，而且提单表面上必须有承运人的身份和名称
	ABC Co.，Ltd. on behalf of John Doe，master	

22. 提单背书

提单应按照信用证的具体要求进行背书。一般信用证要求提单进行空白背书（“bill of lading … endorsed in blank.” Or “bill of lading … blank endorsed.”）的比较多见。对于空白背书：只需要背书人签章并注明背书的日期即可。

例如：　　ABC Co.(签章)

　　　　　December 11,2016

有时信用证也要求提单作记名背书：此时则应先写上被背书人的名称，然后再由背书人签署并加盖公章，同时注明背书的日期。

例如：Endorsed to: DEF Co.或 Delivered to DEF Co.

　　　　　ABC Co.（签章）

　　　　　December 11,2016

知识拓展

常见的提单种类如表 10-2 所示。

表 10-2　常见的提单种类

分类方法	提单种类	英文名称
按表现形式分	纸质提单	Bill of Lading，B/L
	电子报文提单	Electronics Bill of Lading
按货物是否已装船分	已装船提单	On Board B/L
	收货代运提单	Received for Shipment B/L
对货物外包装状况有无承运人批注分	清洁提单	Clean B/L
	不清洁提单	Unclean B/L
按提单收货人一栏记载分	记名提单	Straight B/L
	不记名提单	Open B/L；Blank B/L
	指示提单	Order B/L
按不同的运输方式分	直达提单	Direct B/L
	转船提单	Transhipment B/L
	多式联运提单	Combined Transport B/L
按提单签发人的不同分	船公司提单	Master B/L
	无船承运人提单	HVOCC B/L
	货代提单	House B/L
按提单签发时间不同分	预借提单	Advanced B/L
	倒签提单	Anti-date B/L
	顺签提单	Post-date B/L

实例体验

Shipper YINGKOU XINRUI IMPORT & EXPORT CO., LTD 51,HAIBIN ROAD YINGKOU,CHINA			BILL OF LADING B/L No.: BL002
Consignee TO ORDER OF SHIPPER			
Notify Party LOTTE COMPANY TTY57-4, Busan，Korean			CHINA OCEAN SHIPPING COMPANY
*Pre carriage by	*Place of Receipt		
Ocean Vessel Voy. No. TAIYANG V.126	Port of Loading DALIAN		ORIGINA L
Port of discharge BUSAN	*Final destination	Freight payable at DALIAN	Number original Bs/L THREE

Marks and Numbers	Number and kind of packages;Description	Gross weight	Measurement m3
L.C YK2016 BUSAN C/NO.1-60	MENS JACKET TOTAL ONE 20'CONTAINER COSU01234567 CY TO CY FREIGHT PREPAID		
TOTAL PACKAGES(IN WORDS)	SAY TOTAL ONE HUNDRED AND THIRTY (130) CARTONS ONLY		
Freight and charges FREIGHT PREPAID		Place and date of issue DALIAN OCT.30.2015 Signed for the Carrier 黄丹	
*Applicable only when document used as a Through Bill of Loading			

任务二　缮制装运通知

一、装运通知的含义

装船通知（Shipping Advice）也叫装运通知，主要指出口商在货物装船后发给进口方的包括货物详细装运情况的通知。按照国际贸易的习惯做法，发货人一般在装船后三天内发送装运通知给买方或其指定的人，从而有利于买方做好筹措资金、付款、办理保险和接货的准备。如卖方未能及时给买方发送装运通知而使其不能及时办理保险或接货，卖方应负责赔偿买方由此而引起的一切损害或损失。

装运通知没有固定的格式，一般由发货人自行设计，可采用电报、电传、传真及E-mail等各种形式发送。内容一定要符合信用证的有关规定。

二、装运通知的主要内容及其缮制

1. 单据名称

该栏主要有下面几种形式：Shipping/Shipment Advice, Advice of Shipment等，也有人将其称为Shipping Statement/Declaration，如信用证有具体要求，按信用证的规定填制。

2. 通知的对象

该栏应按信用证规定填写，可以是开证申请人、申请人的指定人或保险公司等。

3. 通知的内容

该栏主要包括所发运货物的合同号或信用证号、品名、数量、金额、运输工具名称、开航日期、启运地和目的地、提运单号码、运输标志等，并且与其他相关单据保持一致，如信用证提出具体项目要求，应严格按规定出单。另外，通知中还可能出现包装说明、ETD（船舶预离港时间）、ETA（船舶预抵港时间）、ETC（预计开始装船时间）等内容。

4. 缮制和签发日期

日期不能超过信用证约定的时间，常见的有以小时为准（Within 24/48 Hours）和以天为准（Within 2 Days After Shipment Date）两种情形，信用证没有规定时应在装船后立即发出，如信用证规定“Immediately After Shipment”（装船后立即通知），应掌握在提单后三天之内。

5. 签署

一般可以不签署，如信用证要求“Certified Copy of Shipping Advice”，通常加盖受益人条形章。

三、缮制装运通知应注意的事项

（1）CFR/CPT 交易条件下发装运通知的必要性。因货物运输和保险分别由不同的当事人操作，所以受益人有义务向申请人对货物装运情况给予及时、充分的通知，以便进口商买保险，否则如漏发通知，则货物越过船舷后的风险仍由受益人承担。

（2）通知应按规定的份数、内容、方式、时间发出。

（3）各名称之间的区别。Shipping Instructions 意思是“装运须知”，一般是进口商发给出口商的；Shipping Note/ Bill 指装货通知单/船货清单；Shipping Order 简称 S/O，意思是装货单/关单/下货纸（是海关放行和命令船方将单据上载明的货物装船的文件）。

四、信用证中有关装运通知条款分析

1．ORIGINAL FAX FROM BENEFICIARY TO OUR APPLICANT EVIDENCING B/L NO.，NAME OF SHIP，SHIPMENT DATE，QUANTITY AND VALUE OF GOODS.

其要求应向申请人提交正本通知一份，通知上列明提单号、船名、装运日期、货物的数量和金额。制作单据时只要按所列项目操作即可。

2．THE NAME OF INSURANCE CO. AND THE POLICY NO. CCN DD.--- HAVE TO BE MENTIONED ON B/L，SHIPMENT ADVICE TO BE MADE TO SAID INSURANCE CO. VIA TLX NO. CCN INDICATING POLICY NO. AND DETAILS OF SHIPMENT，A COPY OF WHICH IS TO BE ACCOMPANIED BY THE ORIGINAL DOCS.

提单上应明确保险公司的名称、保单号码和出单日期，所出的装运通知则应标明保险公司名称、电传号码、保单号码和货物的详细情况，电抄副本随正本单据向银行提交。

3．SHIPMENT ADVICE WITH FULL DETAILS INCLUDING SHIPPING MARKS，CTN NUMBERS，VESSEL'S NAME，B/L NUMBER，VALUE AND QUANTITY OF GOODS MUST BE SENT ON THE DATE OF SHIPMENT TO US.

该项规定要求装运通知应列明包括运输标志、箱号、船名、提单号、货物金额和数量在内的详细情况，并在货物发运当天寄开证行。

4．BENEFICIARY MUST FAX ADVICE TO THE APPLICANT FOR THE PARTICULARS BEFORE SHIPMENT EFFECTED AND A COPY OF THE ADVICE SHOULD BE PRESENTED FOR NEGOTIATION.

受益人以传真的方式发出装运通知，是在货物装运前发出，并将传真副本作为议付单据提交。

5．INSURANCE COVERED BY OPENERS. ALL SHIPMENTS UNDER THIS CREDIT MUST BE ADVISED BY YOU IMMEDIATELY AFTER SHIPMENT DIRECT

TO M/S GUANGMING INSURANCE CO. AND TO THE OPENERS REFERRING TO COVER NOTE NO CA364 GIVING FULL DETAILS OF SHIPMENT.A COPY OF THIS ADVICE TO ACCOMPANY EACH SET OF DOCUMENTS.

本条款要求申请人负责保险，货物装运后由受益人直接发装运通知给光明保险公司和申请人，通知单上要注明号码为 CA364 的暂保单，并说明货物的详细情况。每次交单都应随附该通知副本。

6. BENEFICIARY'S CERTIFIED COPY OF FAX SENT TO APPLICANT WITHIN 48 HOURS AFTER SHIPMENT INDICATING CONTRACT NO.L/C NO. GOODS NAME，QUANTITY，INVOICE VALUE，VESSEL'S NAME，PACKAGE/CONTAINER NO.，LOADING PORT，SHIPPING DATE AND ETA.

本信用证条款要求，由受益人出具的装运通知必须签署，装运通知应在发货后 48 小时内发出，具体通知内容为合同号、信用证号、品名、数量、发票金额、船名、箱/集装箱号、装货港、装运日期和船舶预抵港时间。受益人要严格按要求的内容缮制。

7. SHIPMENT ADVICE QUOTING THE NAME OF THE CARRYING VESSEL，DATE OF SHIPMENT，NUMBER OF PACKAGES，SHIPPING MARKS，AMOUNT，LETTER OF CREDIT NUMBER，POLICY NUMBER MUST BE SENT TO APPLICANT BY FAX，COPIES OF TRANSMITTED SHIPMENT ADVICE ACCOMPANIED BY FAX TRANSMISSION REPORT MUST ACCOMPANY THE DOCUMENTS.

本条款表明船名、装船日期、包装号、唛头、金额、信用证号、保险单号的装运通知必须由受益人传真给开证人，装运通知和传真副本及发送传真的电讯报告必须随附议付单据提交。

8. BENEFICIARY'S CERTIFICATE CERTIFYING THAT THEY HAVE DAY AFTER B/L DATE ADVISING SHIPMENT DETAILS INCLUDING CONTRACT NO,INVOICE VALUE, NAME OF THE VESSEL,LOADPORT,QUANTITY GOODS LOADED, B/L DATE, THE VESSEL MOVEMENT INCLUDING TIME OF ARRIVAL,TIME OF BERTHED, TIME OF START LOADI DESPATCHED THE SHIPMENT ADVICE TO APPLICANT BY FAX(FAX NO 2838-0983) WITHIN 1 NG,TIME OF FINISH LOADING AND DEPARTURE TIME FROM DALIAN AND THIS CREDIT NO.

这条规定来自香港的某份信用证，其对装运通知的要求是：装运货物后一天内受益人通过传真加以通知，内容包括合同号、发票金额、船名、装港、货物数量、提单日，以及抵达时间、靠泊时间、开始装货时间、装货完毕时间和驶离大连港的时间等船舶的航行轨迹和本信用证号码。

装运通知是信用证常见的单据，在制作装运通知时一定要对照信用证要求，不仅应满足信用证对发出装运通知时间的要求，还应满足对装运通知内容的要求，否则会影响信用证的结汇。

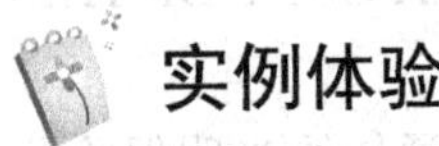

实例体验

Shipping Advice

MESSRS: LOTTE COMPANY

TTY57-4, Busan，Korean

Date :OCT.30.2016

Fax No.:0028-036-2265010

INV.NO.:YK001

L/C NO.:

WE HAVE SHIPPED THE GOODS UNDER S/C NO.YK2016 ,THE DETAILS OF THE SHIPMENT ARE AS FOLLOWS:

FROM:YINGKOU TO BUSAN VIA ***

MARKS	DESCRIPTION OF GOODS	QUANTITY	AMOUNT
L．C YK2016 BUSAN C/NO.1-60	COTTONS SHIRT PACKED IN ONE CARTON OF 10SET EACH	130CARTONS	USD7100.00

VESSEL' S NAME: TAIYANG V.126

B/L NO.:**BL002**

ETD: OCT.30.2016 ETA:NOV.17.2016

We here with certify this message to be true and correct.

Beneficiary's signature

任务三　缮制汇票

一、汇票的含义

汇票是出票人签发的，委托付款人在见票时或在指定日期无条件支付确定金额给付款人或持票人的票据。汇票是一种代替现金的支付工具，一般有两张正本（即 First Exchange 和 Second Exchange），具有同等效力，付款人付一不付二，付二不付一，先到先付，后到无效。汇票有银行汇票和商业汇票两种形式，在信用证和托收方式业务中，多使用出口商出具的商业汇票。

二、信用证方式下汇票的缮制方法

1. 编号（No.）

汇票编号填写本套单据的发票号码。

2. 出票日期与地点（Date and Place of Issue）

信用证项下的出票日期是议付日期，出票地点是议付地或出票人所在地，通常出口商多委托议付行在办理议付时代填。值得注意的是，汇票出票不得早于其他单据日期，也不得晚于信用证有效期和提单日期后第 21 天。

3. 汇票金额（Amount）

汇票金额用数字小写和英文大写分别表明。小写金额位于 Exchange for 后，可保留 2 位小数，由货币名称缩写和阿拉伯数词组成。

例 1.USD100.80。大写金额位于 The sum of 后，习惯上句首加“SAY”，意指“计”，句尾由“ONLY”示意为“整”，小数点用 POINT 或 SENTS 表示。

例 2.SAY US DOLLARS ONE HUNDRED POINT EIGHT ONLY。大小写金额与币制必须相符。通常汇票金额和发票金额一致。如果信用证规定汇票按发票价值 95%或以“贷记通知单”（Credit Note）方法扣佣时，应把发票中扣除上述金额后的余额作为汇票金额。汇票金额不得超过信用证金额，除非信用证另有规定。

4. 付款期限（Tenor）

付款期限必须按信用证的规定填写。即期付款在 at 与 sight 之间填上“*”符号，变成 at* * * * * sight，表示见票即付。远期付款主要有见票后若干天付款、出票日后若干天付款、提单日后若干天付款和定日付款。

例 1.来证规定见票后 90 天付款（Available against your drafts drawn on us at 90 days after sight），在 at 与 sight 之间填入 90 days after，意为从承兑日后第 90 天为付款期。

例 2.来证规定出票日后 60 天付款（Available against presentation of the documents detailed herein and of your drafts at 60 days after date of the draft），则在 at 后填入 60 days after date，将汇票上印就的“sight”划掉，其意为汇票出票日后 60 天付款。

例 3.来证规定提单日后 30 天付款（Available by beneficiary’s drafts at 30 days after on board B/L date），则在 at 后填入 30 days after date of B/L，删去 sight，意为提单日后第 30 天付款。

5. 受款人（Payee）

汇票受款人又称抬头人或收款人，是指接受票款的当事人。汇票常见的抬头表示方式如下：

（1）指示性抬头，即在受款人栏目中填写“Pay to the order of…”，意为“付给……人的指定人”。我国实际业务中多用中国银行等议付行为受款人，如“Pay to the bank of China”。以议付行为收款人，议付行要在汇票背面进行背书。

（2）限制性抬头，即在受款人栏目中填写“Pay to…only”或“Pay to…not trnsferable”，意为“仅付……人”或“限付给……人”，不许转让。使用这种方式多是付款人不愿将本债务和债券关系转移到第三者。

（3）持票人抬头，又称来人式抬头，即在受款人栏目中填写“Pay to bearer”，意为“付给持票人”。这种方式不用背书就可转让，风险较大，现极少使用。

6. 出票条款（Drawn Clause）

出票条款必须按信用证的描述填于“Drawn under”后，如信用证没有出票条款，其分别填写开证行名称、地址、信用证编号和开证日期。

7. 付款人（Drawee）

汇票付款人即受票人，包括付款人名称和地址，在汇票中以“To…”（致……）表示。付款人必须按信用证规定填制，通常为开证行。如果信用证规定“Draft drawn on applicant”或“drawn on us”或未规定付款人时，在 to 后都打上开证行名称和地址。

《UCP600》规定不允许开立以开证申请人为付款人的信用证。

8. 出票人签章（Signature of the Drawer）

出票人为信用证受益人，也就是出口商。通常在右下角空白处打上出口商全称，由经办人签名，该汇票才正式生效。如果信用证规定汇票必须手签，应按照信用证要求办理。

知识拓展

汇票的种类如表 10-3 所示。

表 10-3　汇票的种类

分类依据	种　类	内　容
按有无随附单据	光票	光票（Clean Bill）是不附带货运单据的汇票。光票的流通完全依靠当事人的信用，即完全看出票人、付款人或背书人的资信。在国际贸易中，对少量货运或收取保险费、运费等其他费用，可采用光票向对方收款
	跟单汇票	跟单汇票（Documentary Bill）是附带货运单据的汇票，以承兑或付款作为交付单据的条件。除了有当事人的信用外，还有货物的保证。因此，在国际贸易中，这种汇票使用较为广泛
按付款时间	即期汇票	即期汇票（Sight Bill）是指在提示或见票时立即付款的汇票
	远期汇票	远期汇票（Time Bill or Usance Bill）是指在一定期限或特定日期付款的汇票
按出票人不同	商业汇票	商业汇票（Trade Bill）是指出票人是商号、企业或个人，付款人可以是商号、个人，也可以是银行。在国际贸易结算中，出口商用逆汇法向国外进口商收取货款并签发的汇票，即属商业汇票
	银行汇票	银行汇票（Banker's Bill）的出票人和付款人都是银行。银行汇票由银行签发后交汇款人，由汇款人寄交国外收款人向付款行取款，此种汇款方式称为顺汇法
按承兑人不同	商业承兑汇票	商业承兑汇票（Trader's Acceptance Bill）是由商号、企业或个人出票而以另一个商号、企业或个人为付款人，并经付款人承兑后的远期汇票。商业承兑汇票是建立在商业信用基础上的
	银行承兑汇票	银行承兑汇票（Banker's Acceptance Bill）是由银行承兑的远期汇票，它是建立在银行信用基础上的。所以银行承兑汇票比商业承兑汇票更易于被人们所接受，并且能在市场上流通

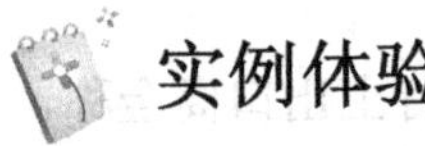

凭 信用证

Drawn under CHOHUNG BANK L/C NO 2016YKXR

日期

Dated SEP.18.2015 支取 Payable with interest @…….%……按…….息……. 付款

号码 汇票金额 大连 Dalian, NOV.15.2015

NO YK001 Exchange for USD7100.00

见票……………………………日后(本汇票之副本未付)付交

AT……….****……sight of this FIRST of Exchange(Second of Exchange being unpaid)

Pay to order of BANK OF CHINA YINGKOU BRANCH the sum of

SAY U.S. DOLLARS SEVEN THOUSAND AND ONE HUNDREDS ONLY.

此致

TO: CHOHUNG BANK

技能训练

ISSUING BANK: DEUTSCHE BANK (ASIA) HONGKONG

L/C NO. AND DATE: 05/1495988, NOV. 20, 2016

AMOUNT: USD9,745.00

APPLICANT: MELCHERS (H.K) LTD., RM.1210, SHUNTAK CENTRE, 200 CONNAUGHT ROAD, CENTRAL, HONGKONG

BENEFICIARY: CHINA NATIONAL ARTS AND CRAFTS IMP. & EXP. CORP. GUANG DONG (HOLDINGS) BRANCH.

WE OPENED IRREVOCABLE DOCUMENTS CREDIT AVAILABLE BY NEGOTIATION AGAINST PRESENTATION OF THE DOCUMENTS DETAILED

HEREIN AND OF BENEFICIARY'S DRAFTS IN DUPLICATE AT SIGHT DRAWN ON OUR BANK.

INV. NO.: ITBE001121

DATE OF NEGOTIATION: DEC.20,2016

MELCHERS(H.K.)LTD. 公司简介：美最时洋行于 1806 年创立于德国。从事广泛的国际进出口业务，并以中国的贸易为业务重点。进口商品包括原材料、工业品和印刷物件，是中国、东南亚报业、杂志油墨及印刷橡皮布的最大供应商之一。

Deutsche Bank：德意志银行，是德国最大的商业银行、金融资本中心、三大银行之一，全称为德意志银行股份公司。

BILL OF EXCHANGE

凭 Drawn Under　　不可撤销信用证 Irrevocable　L/C No.

日期 Date　　支取 Payable With interest @　%　按　息　付款

号码 No.　　汇票金额 Exchange for　　南京 Nanjing

见票 at　　日后(本汇票之副本未付)付交 sight of this FIRST of Exchange (Second of Exchange Being unpaid) Pay to the order of

金额 the sum of

此致 To

(Authorized Signature)

学习情境十一　办理进口手续

学习目标

知识目标：掌握进口许可证的申办程序。

技能目标：能根据合同及相关资料填制进口许可证申请表。

情境导入

韩国 LOTTE 进出口贸易公司金灿经理在与中国营口新锐进出口贸易公司签订合同后，按要求应向有关部门申请办理进口许可证。具体任务如下：

任务　申领进口许可证

任务　申领进口许可证

进口许可证是有关进口许可证的申请、审查、颁发、使用、效力、撤销和废止方面的法律。通过对进口商品实行许可证管理，可以调节国家进口商品结构，稳定国内市场，但是，当进口许可程序透明度不强或签发过程产生不必要的延误时，它又成为贸易保护的工具。

一国政府为了禁止、控制或统计某些进口商品的需要，规定只有从指定的政府机关申办并领取进口许可证，商品才允许进口。它是进口国采用的行政管理手续。它要求进口商向有关行政管理机构呈交申请书或其他文件，作为货物进口至海关边境的先决条件。即进口商进口商品必须凭申请到的进口许可证进行，否则一律不予进口的贸易管理制度。

一、进口许可证的含义

进口许可证（Import License）是指商务部及其授权发证机构依法对实行数量限制或其他限制的进口货物颁发准予进口的许可证件。进口许可证监管证件代码为1。

二、进口许可证申办流程

1. 网上申请方式

进口许可证网上申请流程如图11-1所示。

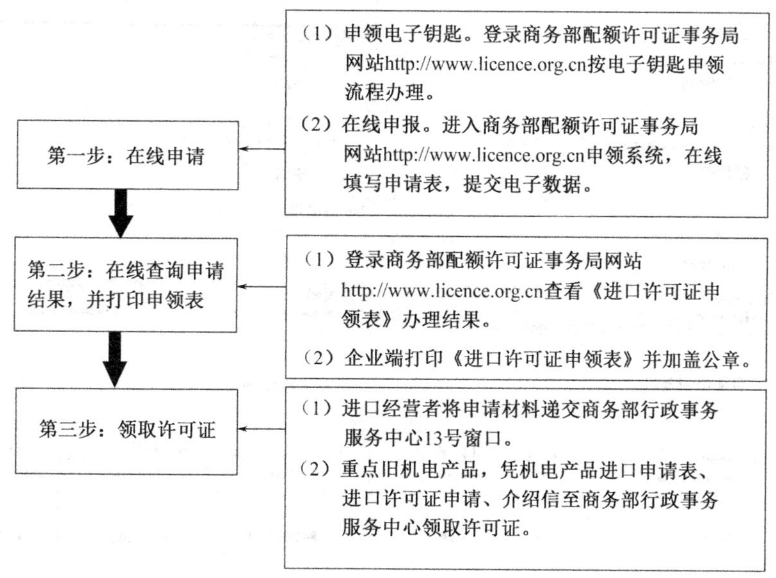

图11-1 进口许可证网上申请流程

2. 书面申请方式

进口许可证书面申请流程如图11-2所示。

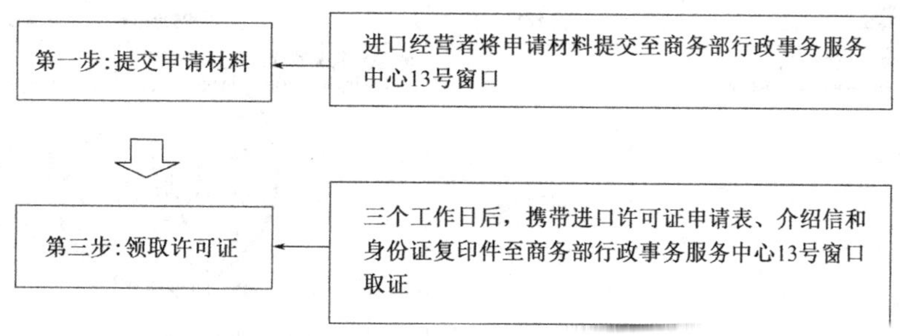

图11-2 进口许可证书面申请流程

实例体验

中华人民共和国自动进口许可证

AUTOMATIC IMPORT LICENCE OF THE PEOPLE'S REPUBLIC OF CHINA　No. 23709 9

1. 进口商：Importer 东莞市对外加工装配服务公司	3. 自动进口许可证号：Automatic import licence No. 114400█817
2. 进口用户：Consignee 东莞长安█████电子厂	4. 自动进口许可证有效截止日期：Automatic import licence expiry date 2011年12月21日
5. 贸易方式：Terms of trade 一般贸易	8. 贸易国（地区）：Country/Region of exportation 香港
6. 外汇来源：Terms of foreign exchange 银行购汇	9. 原产地国（地区）：Country/Region of origin 中国
7. 报关口岸：Place of clearance 埔长安办	10. 商品用途：Use of goods 自用

11. 商品名称：Description of goods	商品编码：Code of goods	商品状态：Status of goods
自动印锡膏机	8443198000	新

12. 规格、型号 Specification	13. 单位 Unit	14. 数量 Quantity	15. 单价（HKD）Unit price	16. 总值（HKD）Amount	17. 总值折美元 Amount in USD
DEK/ELAf	台	*2*	*470000*	*940000*	*120983*
**********	*****	********	*********	*********	*********
18. 总　计 Total		*2*		*940000*	*120983*

19. 备　注：Supplementary details	20. 发证机关签章：Issuing authority's stamp 机电产品自动进口许可证 专用章 (7) 广东省机电产品进出口办公室 21. 发证日期：Licence date　2011-06-21

中华人民共和国商务部监制（2005）

第一联（正本）海关验放凭证

三、进口许可证申请表的填制

凡申领进口许可证的单位，应按以下规范填写进口许可证申请表，如表 11-1 所示。

表 11-1　进口许可证申请表

中华人民共和国进口许可证申请表

<table>
<tr><td colspan="3">1. 进口商：　　　　代码</td><td colspan="3">3. 进口许可证号：</td></tr>
<tr><td colspan="3">2. 收货人：</td><td colspan="3">4. 进口许可证有效截止日期：
年　　月　　日</td></tr>
<tr><td colspan="3">5. 贸易方式：</td><td colspan="3">8. 出口国（地区）：</td></tr>
<tr><td colspan="3">6. 外汇来源：</td><td colspan="3">9. 原产地国（地区）：</td></tr>
<tr><td colspan="3">7. .报关口岸：</td><td colspan="3">10. 商品用途：</td></tr>
<tr><td colspan="3">11. 商品名称：</td><td colspan="3">商品编码：</td></tr>
<tr><td>12. 规格、型号</td><td>13. 单　位</td><td>14. 数　量</td><td>15. 单价（币别）</td><td>16. 总值（币别）</td><td>17. .总值折美元</td></tr>
<tr><td></td><td></td><td></td><td></td><td></td><td></td></tr>
<tr><td></td><td></td><td></td><td></td><td></td><td></td></tr>
<tr><td></td><td></td><td></td><td></td><td></td><td></td></tr>
<tr><td></td><td></td><td></td><td></td><td></td><td></td></tr>
<tr><td colspan="6">18. 总　计：</td></tr>
</table>

续表

19．领证人姓名： 联系电话： 申请日期： 下次联系日期：	不能获准原因： 1．公司无权经营；　　8.第（　）项须补充说明函； 2．公司编码有误；　　9.第（　）项与批件不符； 3．到港不妥善；　　10.其他。 4．品名与编码不符； 5．单价（高）低； 6．币别有误； 7．漏填第（　）项；

1．进口商

此栏应填写经外经贸部批准或核定的进出口企业名称及编码。外商资企业进口也应填写公司名称及编码；非外贸单位进口，应填写“自购”，编码为“00000002”；如接受国外捐赠，此栏应填写“赠送”，编码为“00000001”。

2．收货人

此栏应填写配额指标单位，配额指标单位应与批准的配额证明一致。

3．进口许可证号

由发证机关编排。

4．进口许可证有效截止日期

一般为一年（另有规定者除外）。

5．贸易方式

此栏的内容有：一般贸易、易货贸易、补偿贸易、协定贸易、进料加工、来料加工、外商投资企业进口、国际租赁、国际贷款进口、国际援助、国际招标、国际展销、国际拍卖、捐赠、赠送、边境贸易、许可贸易等。

6．外汇来源

此栏的内容有：银行购汇、外资、贷款、赠送、索赔、无偿援助、劳务等。外商投资企业进口、租赁等填写“外资”；对外承包工程调回设备和驻外机构调回的进口许可证管理商品、公用物品，应填写“劳务”。

7. 报关口岸

此栏应填写进口到货口岸。

8. 出口国（地区）

出口国（地区）即外商的国别（地区）。

9. 原产地国（地区）

此栏应填写商品进行实质性加工的国别（地区）。

10. 商品用途

此栏可填写：自用、生产用、内销、维修、样品等。

11. 商品名称和编码

此栏应按外经贸部公布的实行进口许可证管理商品目录填写。

12. 规格、型号

此栏只能填写同一编码商品不同规格型号的四种，多于四种型号应另行填写许可证申请表。

13. 单位

单位指计量单位。

各商品使用的计量单位由外经贸部统一规定，不得任意变动。合同中使用的计量单位与规定计量单位不一致时，应换算成统一计量单位。非限制进口商品，此栏以“套”为计量单位。

14. 数量

此栏应按外经贸部规定的计量单位填写，允许保留一位小数。

15. 单价（币别）

此栏应填写成交时用的价格或估计价格，并与计量单位一致。

进口许可证的样单如表 11-2 所示。

表 11-2 进口许可证

中华人民共和国进口许可证

IMPORT LICENCE OF THE PEOPLE'S REPUBLIC OF CHINA NO.00015.2

<table>
<tr><td colspan="3">1. 进口商：
Importer</td><td colspan="3">3. 进口许可证：
Import license No.</td></tr>
<tr><td colspan="3">2. 收货人：
Consignee</td><td colspan="3">4. 进口许可证有效截止日期：
Import license expiry date</td></tr>
<tr><td colspan="3">5. 贸易方式：
Terms of trade</td><td colspan="3">8. 出口国（地区）：
Country/region of exportation</td></tr>
<tr><td colspan="3">6. 外汇来源：
Terms of foreign exchange</td><td colspan="3">9. 原产地国（地区）：
Country/region of origin</td></tr>
<tr><td colspan="3">7. 报关口岸：
Place of clearance</td><td colspan="3">10. 商品用途：
Use of goods</td></tr>
<tr><td colspan="3">11. 商品名称：
Description of goods</td><td colspan="3">商品编码：
Code of goods</td></tr>
<tr><td colspan="3"></td><td colspan="3"></td></tr>
<tr><td>12. 规格、型号
Specification details</td><td>13. 单位
Unit</td><td>14. 数量
Quantity</td><td>15. 单位（币别）
Unit Price</td><td>16. 总值（币别）
Amount</td><td>17. 总值折美元
Amount in USD</td></tr>
<tr><td></td><td></td><td></td><td></td><td></td><td></td></tr>
<tr><td></td><td></td><td></td><td></td><td></td><td></td></tr>
<tr><td></td><td></td><td></td><td></td><td></td><td></td></tr>
<tr><td></td><td></td><td></td><td></td><td></td><td></td></tr>
<tr><td></td><td></td><td></td><td></td><td></td><td></td></tr>
<tr><td colspan="3">18. 总计
Total</td><td colspan="3"></td></tr>
<tr><td colspan="3"></td><td colspan="3"></td></tr>
<tr><td colspan="3">19. 备注
Supplementary details</td><td colspan="3">20. 发证机关签章
Issuing authority stamp&signature</td></tr>
<tr><td colspan="3"></td><td colspan="3"></td></tr>
<tr><td colspan="3"></td><td colspan="3">21. 发证日期
License</td></tr>
</table>

对外贸易经济合作部监制（2000）

学习情境十二　办理进口报关、报检业务

学习目标

知识目标：掌握进口报关单的含义及用途；掌握进口报检单的含义。

技能目标：能根据合同、信用证及有关资料正确缮制出口货物报关单和报检单。

情境导入

在接到出口方的装运通知后，韩国 LOTTE 进出口贸易公司金灿经理除了安排接货和订舱事项外，还需要办理进口报关及报检业务。具体工作任务如下：

任务一 缮制进口货物报关单

任务二 缮制入境货物报检单

任务一　缮制进口货物报关单

一、进口货物报关单的含义和作用

1. 含义

进口货物报关单是指海关受理进口报关后，向进口单位出具的注有进口数量、成交总价并盖有验讫章的纸制凭证。

2. 作用

进口货物报关单用于确认货物是否真正出口或进口，是海关出具的进出口的正式凭证。其作用为：

（1）企业出口退税。

（2）企业结汇核销。

二、进口货物报关单的内容和缮制

进口货物报关单的样单如表 12-1 所示。其填写要求如下。

表 12-1 进口货物报关单

中华人民共和国海关进口货物报关单

预录入编号： 海关编号：

进口口岸	备案号	进口日期	申报日期	
经营单位	运输方式	运输工具名称	提运单号	
收货单位	贸易方式	征免性质	征税比例	
许可证号	起运国（地区）	装货港	境内目的地	
批准文号	成交方式	运费	保费	杂费
合同协议号	件数	包装种类	毛重（公斤）	净重（公斤）
集装箱号	随附单据			用途
标记唛码及备注				
项号 商品编号 商品名称，规格型号 数量及单位 原产国（地区） 单价 总价 币值 征免				

续表

<table>
<tr><td colspan="3">税费征收情况</td></tr>
<tr><td>录入员　　录入单位</td><td rowspan="2">兹声明以上申报无讹并承担法律责任

申报单位（签章）</td><td>海关审单批注放行日期（签章）
审单　　　审价</td></tr>
<tr><td>报关员
单位地址</td><td>征税　　　统计</td></tr>
<tr><td colspan="2">邮编　　　电话　　　填制日期</td><td>查验　　　放行</td></tr>
</table>

1. 申报单位编号

此栏由申报单位自己编号。

2. 进口口岸

此栏填写货物进入我国国境的口岸名称及代码。

3. 经营单位

此栏填写对外签订或执行进口合同的单位，不能填写收货单位或国外出口厂商。填写时应包括经营单位全称及其代码。

4. 收货单位

此栏填写进口货物的使用单位名称及其所在省、市名称。

5. 合同协议号

此栏填写进口合同（协议）的详细年份、编号及附件号码。

6. 批准文号

此栏填写许可证号、特定减免号和免税表号等。

7. 运输工具名称

运输工具根据货物进入我国国境时使用的运输方式加以确定。运输方式分为六类：江海运输、铁路运输、公路运输、空运、邮运和其他。海运填船名，陆运填车号，空、邮运只填“空运”“邮运”字样。

8. 贸易性质（方式）

贸易的性质（方式）分为十六类，包括一般贸易、捐赠品、样品、个人自用品及其他等。填写时应根据该批进口货物的实际贸易性质选择填写，并须注明代码。

9. 贸易国别（地区）

贸易国别即成交国别，填写货物直接购自国（地区）的名称。

10. 原产国（地区）

此栏填进口货物生产制造的国家（地区）。如货物经过其他国家加工复制，以最后加工的国家为原产国。但若仅经简单整理如改装、涂改或加贴标签等，而并未改变货物的性质、规格的，不作加工论。原产国一般可根据货物的产地证明书加以确定。如果一张报关单上有不同的原产国的货物，应当分别注明。

11. 外汇来源

此栏按本进口合同的实际外汇来源分别填写“中央外汇”“地方外汇”“贷款外汇”“分成外汇”“国外投资”或“其他”。

12. 进口日期

此栏填运载货物的运输工具申报进口日期。

13. 提单或运单号

海运填提单号，陆运、空运填运单号，邮运填报税清单（包裹单）号。

14. 运杂费

此栏填写实际支付运杂费金额。如实际支付运杂费不能确认，可按规定的定额率估算。

15. 保费

价格条件为 FOB 或 CFR 条件下，填写实际支付的保险金额或定额率。如实际支付保险费不能确认，可按规定的定额率估算。

16. 标记唛码

此栏填写货物实际使用标记唛码，或者按进口合同、发票载明的标记唛码填写。如有地点名称也应照填。

17. 包装种类及件数

包装种类即指袋、箱、包、捆、桶等。一批货物有多种包装种类，应分别填写件数。

18. 毛重及净重

毛重填本批货物全部重量。净重一般填毛重扣除外层包装后的自然净重。对于一批不同品种的货物，应当分别注明净重。对于有销售包装的货物，不必扣除销售包装的重量。不能取得净重时，应按进口合同或商业习惯填写。

19. 海关统计商品编号

参照《中华人民共和国海关统计商品目录》，填写商品代号。未列入商品目录的，按其用途归入0～6类。

20. 货名规格及货号

此栏按进口合同（协议）或发票上载明的货物名称、规格填写。货名、规格填中文名称并附注外文。货号填公司自编货号。

21. 数量及单位

此栏包括数量、单位两个小项，应按实际进口货物数量及计量单位填写。若合同中采用的计量单位与海关统计商品目录所规定的计量单位不同，应将其折算成目录规定的计量单位填写。若货物仅从一种数量单位不足以反映其性能，或者海关统计规定有第二数量单位，则还须填第二数量单位。一张报关单有不同品种的货物，应分别填写其数量。若整套机械分批进口，应在本栏注明“分批装运”字样。

22. 成交价格

此栏填进口合同约定的成交单价、总价和价格条件（如FOB、CIF等），并注明货币名称。若货价和其他费用为不同外币时应分别注明。分批进口货物，按每批进口货物的数量填写成交价格。

23. 到岸价格

此栏填进口货物到达我国国境时的实际到岸价，包括货价、运抵我国卸货前的运费、保险费和其他一切费用。空运、邮运采用货物运至指运地的到岸价。到岸价格人民币一项，应将外币按照向海关申报日中国银行公布的人民币对各种货币的外汇牌价的中间价的月平均数折算成人民币填写。外币一项，按中国银行核定的各种货币对美元的内部统一折算率折合成美元填写。到岸价格的人民币和外币均计至元为止，元以下四舍五入。

24. 关税完税价格、税则号列及税率、关税税额

此栏由海关分别按规定填写计算。

25. 备注

根据海关规定，有些货物必须注明有关事项，如“减免纳税”、“保税货物”等，属于此类进口货物应在本栏加以注明。

26. 集装箱号

采用集装箱运输的进口货物应填集装箱号。

27. 随附单据

此栏应填写报关随附的单据名称，并注明份数。

28. 海关放行日期

由进口地海关在核放货物后填注日期，并加盖海关放行章。

29. 填制单位（盖章）

填制报关单的单位必须加盖报关单位已向海关备案的报关专用章及报关员名章或签字，并注明填制日期。

经济特区运往内地及经济特区运自内地的货物报关单的栏目内容和缮制方式与一般进口货物报关单大致相同。

任务二　缮制入境货物报检单

一、入境货物报检单的含义

报检单是国家检验检疫部门根据检验检疫、鉴定工作的需要，为保证检验检疫工作规范化和程序化而设置的。它是报检人根据有关法律、行政法规或合同约定申请检验检疫机构对其某种货物实施检验检疫、鉴定意愿的书面凭证，它表明了申请人正式向检验检疫机构申请检验检疫、鉴定，以取得该批货物合法进口销售、使用的合法凭证。报检单同时也是检验检疫机构对出入境货物实施检验检疫启动检验检疫程序的依据。入境货物报检单所在列各栏必须填写完整、准确、清晰，没有内容填写的栏目以斜杠"/"表示，不得留空。

二、入境货物报检单填制要求

入境货物报检单的样单如表12-2所示。其填写要求如下。

表12-2　入境货物报检单

中华人民共和国出入境检验检疫入境货物报检单

报检单位（加盖公章）：　　　　　　　　　　　　　　　　　　编号＿＿＿＿＿

报检单位登记号：　　　　联系人：　　　电话：　　　报检日期：　　年　　月　　日

发货人	（中文）		企业性质（划"√"）	□合资□合作□外资	
	（外文）				
收货人	（中文）				
	（外文）				
货物名称（中/外文）	H.S.编码	原产国（地区）	数/重量	货物总值	包装种类及数量
运输工具名称号码				合同号	
贸易方式		贸易国别（地区）		提单/运单号	
到货日期		启运国家（地区）		许可证/审批号	
卸毕日期		启运口岸		入境口岸	

续表

<table>
<tr><td>索赔有效期至</td><td></td><td>经停口岸</td><td></td><td>目的地</td><td></td></tr>
<tr><td colspan="2">集装箱规格、数量及号码</td><td colspan="4"></td></tr>
<tr><td colspan="2" rowspan="2">合同订立的特殊条款
以及其他要求</td><td rowspan="2"></td><td colspan="2">货物存放地点</td><td></td></tr>
<tr><td colspan="2">用途</td><td></td></tr>
<tr><td colspan="2">随附单据（画“√”或补填）</td><td rowspan="5">标记及号码</td><td colspan="2">*外商投资财产（画“√”或补填）</td><td>□是　□否</td></tr>
<tr><td rowspan="4">□合同
□发票
□提/运单
□兽医卫生证书
□植物检疫证书
□动物检疫证书
□卫生证书
□原产地证
□许可/审批文件</td><td rowspan="4">□到货通知
□装箱
□质保书
□理货清单
□磅码单
□验收报告
□
□
□</td><td colspan="3">*检验检疫费</td></tr>
<tr><td colspan="2">总金额
（人民币元）</td><td></td></tr>
<tr><td colspan="2">计费人</td><td></td></tr>
<tr><td colspan="2">收费人</td><td></td></tr>
<tr><td colspan="3" rowspan="3">报检人郑重声明：
1. 本人被授权报检
2. 上列填写内容正确属实
签名____________</td><td colspan="3">领取证单</td></tr>
<tr><td>日期</td><td colspan="2"></td></tr>
<tr><td>签名</td><td colspan="2"></td></tr>
</table>

注：有“*”号栏由出入境检验检疫机关填写。　　◆国家出入境检验检疫局制

1. 编号

此栏由检验检疫机构报检受理人员填写，前 6 位为检验检疫机关代码，第 7 位为报检类代码，第 8、9 位为年代码，第 10～15 位为流水号。

2. 报检单位登记号

此栏填写报检单位在检验检疫机构登记的号码。

3. 联系人

此栏填写报检人员姓名。

4. 电话

报检人员的联系电话。

5. 报检日期

此栏填写检验检疫机构实际受理报检的日期，由检验检疫机构受理人员填写。

6. 收货人

此栏填写外贸合同中的收货人。

7. 发货人

此栏填写外贸合同中的发货人。

8. 货物名称（中／外文）

此栏填写本批货物的品名，应与进口合同、发票名称一致，如为废旧货物应注明。

9. H.S.编码

此栏填写本批货物的商品编码。以当年海关公布的商品税则编码分类为准。

10. 原产国（地区）

此栏填写本批货物生产/加工的国家或地区。

11. 数/重量

此栏填写本批货物的数/重量，应与合同、发票或报关单上所列的货物数/重量一致，以商品编码分类中标准数/重量为准，并应注明数/重量单位。

12. 货物总值

此栏填写本批货物的总值及币种，应与合同、发票或报关单上所列的货物总值一致。

13. 包装种类及数量

此栏填写本批货物实际运输包装的种类及数量，应注明包装的材质。

14. 运输工具名称号码

此栏填写本批货物运输工具的名称和号码。

15. 合同号

此栏填写对外贸易合同、订单或形式发票的号码。

16. 贸易方式

此栏填写本批货物的贸易方式，根据实际情况选填一般贸易、来料加工、进料加工、易货贸易、补偿贸易、边境贸易、无偿援助、外商投资、对外承包工程进出口货物、出口加工区进出境货物、出口加工区进出区货物、退运货物、过境货物、保税区进出境仓储物、转口货物、保税区进出区货物、暂时进出区货物、暂时进出口留购货物、展览品、样品、其他非贸易品、其他贸易性货物。

17. 贸易国别（地区）

此栏填写本批货物的贸易国别（地区）。

18. 提单／运单号

此栏填写货物海运提单号或空运单号，有二程提单的同时应填写。

19. 到货日期

此栏填写本批货物到达口岸的日期。

20. 启运国家（地区）

此栏填写装运本批货物的交通工具的启运国家或地区。

21. 许可证／审批号

此栏需办理进境许可证或审批的货物应填写有关许可证号或审批号。

22. 卸毕日期

此栏填写本批货物在口岸卸毕的实际日期。

23. 启运口岸

此栏填写装运本批货物运输工具的启运口岸。

24. 入境口岸

此栏填写装运本批货物的运输工具进境时首次停靠的口岸。

25. 索赔有效期至

此栏按外贸合同约定的日期填写，特别要注明截止日期。

26. 经停口岸

此栏填写本批货物启运后，到达目的地前货物在运输中曾经停靠的外国口岸。

27. 目的地

此栏填写本批货物预定到达的交货地。

28. 集装箱规格、数量及号码

货物若以集装箱运输应填写集装箱的规格、数量及号码。

29. 合同订立的特殊条款以及其他要求

在合同中特别订立的有关检验检疫的特殊条款及其他要求应填入此栏。

30. 货物存放地点

此栏填写本批货物存放的地点。

31. 用途

此栏填写本批货物的实际用途。

32. 随附单据

此栏按实际向检验检疫机构提供的单据，在随附单据的种类前画“√”或补填。

33. 标记及号码

此栏填写本批货物的标记号码，应与合同、发票等有关外贸单据保持一致。若没有标记号码则填“N/M”。

34. 外商投资财产

此栏由检验检疫机构报检受理人员填写。

35. 报检人郑重声明

此栏由报检人员亲笔签名。

36. 检验检疫费

此栏由检验检疫机构计费人员核定费用后填写。

37. 领取证单

此栏报检人在领取检验检疫机构出具的有关检验检疫证单时填写领证日期及领证人姓名。

报检人要认真填写“入境货物报检单”，内容应按合同、国外发票、提单、运单上的内容填写，报检单应填写完整、无漏项，字迹清楚，不得涂改，且中英文内容一致，并加盖申请单位公章。

报检单由进口商按照商品检验机构要求的格式根据货物的实际情况填写，申请由检验机构据以安排检验业务操作的文件。

实例体验

入境货物报检单

报检单位（加盖公章）：日本三井株式会社　　　　*编　号 IC0000219

报检单位登记号：32000001066　联系人：藤原久美子　电话：0081-3-33736131　报检日期：2010年 3 月 5 日

收货人	（中文）	日本三井株式会社	企业性质(画"√")	□ 合资 □ 合作 □ 外资
	（外文）	JAPAN MITSUI COMPANY LIMITED		
发货人	（中文）	中国世格贸易有限公司		
	（外文）	CHINA DESUN TRADING CO., LTD.		

选择	货物名称（中/外文）	H.S.编码	原产国(地区)	数/重量	货物总值	包装种类及数量
○	洋菇罐头(整粒) CANNED WHOLE MUSHROOMS	2003101100	中国	1560箱	USD21840.00	1560 箱

[添 加][修 改][删 除]

运输工具名称号码	TBA			合同号	CNJP802
贸易方式	一般贸易	贸易国别(地区)	中国	提单/运单号	COBL0000161
到货日期	2010-3-4	启运国家(地区)	中国	许可证/审批号	
卸毕日期	2010-3-5	启运口岸	上海	入境口岸	名古屋
索赔有效期至	2011-3-4	经停口岸		目的地	名古屋
集装箱规格、数量及号码	20' CONTAINER X 1				
合同订立的特殊条款以及其他要求	无特殊要求			货物存放地点	NAGOYA CY
				用途	食用

随附单据（画"√"或补填）		标记及号码	*外商投资财产(画"√")	□ 是 □ 否
☑合同	☑到货通知	Mitsui	*检验检疫费	
☑发票	☑装箱单	01001		
☑提/运单	□质保书	G.W.:11.2KG	总金额（人民币元）	
□兽医卫生证书	□理货清单	1-1560CTN		
☑植物检疫证书	□磅码单	MADE IN CHINA	计费人	
□动物检疫证书	□验收报告			
☑卫生证书	□		收费人	
☑原产地证	□			
□许可/审批文件	□			

报检人郑重声明：	领取证单	
1. 本人被授权报检。	日期	
2. 上列填写内容正确属实。		
签名：藤原久美子	签名	

注：有" * "号栏由出入境检验检疫机关填写　　　　◆国家出入境检验检疫局制

[1-2 (2000.1.1)]

附 录

跟单信用证统一惯例

（ICC UCP600 中英文对照版）

第十九条　涵盖至少两种不同运输方式的运输单据

第二十条　提单

第二十一条　不可转让的海运单

第二十二条　租船合同提单

第二十三条　空运单据

第二十四条　公路、铁路或内陆水运单据

第二十五条　快递收据、邮政收据或投邮证明

第二十六条　“货装舱面”、“托运人装载和计数”、“内容据托运人报称”及运费之外的费用

第二十七条　清洁运输单据

第二十八条　保险单据及保险范围

第二十九条　截止日或最迟交单日的顺延

第三十条　信用证金额、数量与单价的伸缩度

第三十一条　部分支款或部分发运

第三十二条　分期支款或分期发运

第三十三条　交单时间

第三十四条　关于单据有效性的免责

第三十五条　关于信息传递和翻译的免责

第三十六条　不可抗力

第三十七条　关于被指示方行为的免责

第三十八条　可转让信用证

第三十九条　款项让渡

Article 1 Application of UCP

第一条 统一惯例的适用范围

The Uniform Customs and Practice for Documentary Credits, 2007 Revision, ICC Publication no. 600 (“UCP”) are rules that apply to any documentary credit (“credit”) (including, to the extent to which they may be applicable, any standby letter of credit) when the text of the credit expressly indicates that it is subject to these rules. They are binding on all parties thereto unless expressly modified or excluded by the credit.

跟单信用证统一惯例，2007 年修订本，国际商会第 600 号出版物，适用于所有在正文中标明按本惯例办理的跟单信用证（包括本惯例适用范围内的备用信用证）。除非信用证中另有规定，本惯例对一切有关当事人均具有约束力。

Article 2 Definitions

第二条 定义

For the purpose of these rules:

就本惯例而言：

Advising bank means the bank that advises the credit at the request of the issuing bank.

通知行意指应开证行要求通知信用证的银行。

Applicant means the party on whose request the credit is issued.

申请人意指发出开立信用证申请的一方。

Banking day means a day on which a bank is regularly open at the place at which an act subject to these rules is to be performed.

银行日意指银行在其营业地正常营业，按照本惯例行事的行为得以在银行履行的日子。

Beneficiary means the party in whose favour a credit is issued.

受益人意指信用证中受益的一方。

Complying presentation means a presentation that is in accordance with the terms and conditions of the credit, the applicable provisions of these rules and international standard banking practice.

相符提示意指与信用证中的条款及条件、本惯例中所适用的规定及国际标准银行实务相一致的提示。

Confirmation means a definite undertaking of the confirming bank, in addition to that of the issuing bank, to honour or negotiate a complying presentation.

保兑意指保兑行在开证行之外对于相符提示做出兑付或议付的确定承诺。

Confirming bank means the bank that adds its confirmation to a credit upon the issuing bank's authorization or request.

保兑行意指应开证行的授权或请求对信用证加具保兑的银行。

Credit means any arrangement, however named or described, that is irrevocable and thereby constitutes a definite undertaking of the issuing bank to honour a complying presentation.

信用证意指一项约定，无论其如何命名或描述，该约定不可撤销并因此构成开证行对于相符提示予以兑付的确定承诺。

Honour means:

a. to pay at sight if the credit is available by sight payment.

b. to incur a deferred payment undertaking and pay at maturity if the credit is available by deferred payment.

c. to accept a bill of exchange (“draft”) drawn by the beneficiary and pay at maturity if the credit is available by acceptance.

兑付意指：

a. 对于即期付款信用证即期付款。

b. 对于延期付款信用证发出延期付款承诺并到期付款。

c. 对于承兑信用证承兑由受益人出具的汇票并到期付款。

Issuing bank means the bank that issues a credit at the request of an applicant or on its own behalf.

开证行意指应申请人要求或代表其自身开立信用证的银行。

Negotiation means the purchase by the nominated bank of drafts (drawn on a bank other than the nominated bank) and/or documents under a complying presentation, by advancing or agreeing to advance funds to the beneficiary on or before the banking day on which reimbursement is due to(to be paid the nominated bank.

议付意指被指定银行在其应获得偿付的银行日或在此之前，通过向受益人预付或者同意向受益人预付款项的方式购买相符提示项下的汇票（汇票付款人为被指定银行以外的银行）及/或单据。

Nominated bank means the bank with which the credit is available or any bank in the case of a credit available with any bank.

被指定银行意指有权使用信用证的银行，对于可供任何银行使用的信用证而言，任何银行均为被指定银行。

Presentation means either the delivery of documents under a credit to the issuing bank or nominated bank or the documents so delivered.

提示意指信用证项下单据被提交至开证行或被指定银行，抑或按此方式提交的单据。

Presenter means a beneficiary, bank or other party that makes a presentation.

提示人意指做出提示的受益人、银行或其他一方。

Article 3 Interpretations

第三条 释义

For the purpose of these rules:

就本惯例而言：

Where applicable, words in the singular include the plural and in the plural include the singular.

在适用的条款中，词汇的单复数同义。

A credit is irrevocable even if there is no indication to that effect.

信用证是不可撤销的，即使信用证中对此未作指示也是如此。

A document may be signed by handwriting, facsimile signature, perforated signature, stamp, symbol or any other mechanical or electronic method of authentication.

单据可以通过手签、签样印制、穿孔签字、盖章、符号表示的方式签署，也可以通过其他任何机械或电子证实的方法签署。

A requirement for a document to be legalized, visard, certified or similar will be satisfied by any signature, mark, stamp or label on the document which appears to satisfy that requirement.

当信用证含有要求使单据合法、签证、证实或对单据有类似要求的条件时，这些条件可由在单据上签字、标注、盖章或标签来满足，只要单据表面已满足上述条件即可。

Branches of a bank in different countries are considered to be separate banks.

一家银行在不同国家设立的分支机构均视为另一家银行。

Terms such as “first class”, “well known“, “qualified”, “independent”, “official”, “competent” or “local” used to describe the issuer of a document allow any issuer except the beneficiary to issue that document.

诸如“第一流”“著名”“合格”“独立”“正式”“有资格”“当地”等用语用于描述单据出单人的身份时，单据的出单人可以是除受益人以外的任何人。

Unless required to be used in a document, words such as “prompt”, “immediately” or "as soon as possible" will be disregarded.

除非确需在单据中使用，银行对诸如“迅速”、“立即”、“尽快”之类词语将不予置理。

The expression “on or about” or similar will be interpreted as a stipulation that an event is to occur during a period of five calendar days before until five calendar days after the specified date, both start and end dates included.

“于或约于"或类似措辞将被理解为一项约定，按此约定，某项事件将在所述日期前后各五天内发生，起讫日均包括在内。

The words “to”, “until”, “till”, “from” and “between” when used to determine a period of shipment include the date or dates mentioned, and the words “before” and “after” exclude the date mentioned.

词语“×月×日止”(to)、“至×月×日”(until)、“直至×月×日”(till)、“从×月×日”(from)及“在×月×日至×月×日之间”(between)用于确定装运期限时，包括所述日期。词语“×月×日之前”(before)及“×月×日之后”(after)不包括所述日期。

The words “from” nd “after” when used to determine a maturity date exclude the date mentioned.

词语“从×月×日”(from)以及“×月×日之后”(after)用于确定到期日时不包括所述日期。

The terms “first half” and “second half” of a month shall be construed respectively as the 1st to the 15th and the 16th to the last day of the month, all dates inclusive.

术语“上半月”和“下半月”应分别理解为自每月“1日至15日”和“16日至月末最后一天”，包括起讫日期。

The terms “beginning”, “middle” and “end” of a month shall be construed respectively as the 1st to the 10th, the 11th to the 20th and the 21st to the last day of the month, all dates inclusive.

术语“月初”“月中”和“月末”应分别理解为每月1日至10日、11日至20日和

21 日至月末最后一天，包括起讫日期。

Article 4 Credits v. Contracts

第四条 信用证与合同

a. A credit by its nature is a separate transaction from the sale or other contract on which it may be based. Banks are in no way concerned with or bound by such contract, even if any reference whatsoever to it is included in the credit. Consequently, the undertaking of a bank to honour, to negotiate or to fulfil any other obligation under the credit is not subject to claims or defences by the applicant resulting from its relationships with the issuing bank or the beneficiary.

A beneficiary can in no case avail itself of the contractual relationships existing between banks or between the applicant and the issuing bank.

a. 就性质而言，信用证与可能作为其依据的销售合同或其他合同，是相互独立的交易。即使信用证中提及该合同，银行亦与该合同完全无关，且不受其约束。因此，一家银行作出兑付、议付或履行信用证项下其他义务的承诺，并不受申请人与开证行之间或与受益人之间在已有关系下产生的索偿或抗辩的制约。

受益人在任何情况下，不得利用银行之间或申请人与开证行之间的契约关系。

b. An issuing bank should discourage any attempt by the applicant to include, as an integral part of the credit, copies of the underlying contract, proforma invoice and the like.

b. 开证行应劝阻申请人将基础合同、形式发票或其他类似文件的副本作为信用证整体组成部分的做法。

Article 5 Documents v. Goods, Services or Performance

第五条 单据与货物 / 服务 / 行为

Banks deal with documents and not with goods, services or performance to which the documents may relate .

银行处理的是单据，而不是单据所涉及的货物、服务或其他行为。

Article 6 Availability, Expiry Date and Place for Presentation

第六条 有效性、有效期限及提示地点

a. A credit must state the bank with which it is available or whether it is available with any bank. A credit available with a nominated bank is also available with the issuing bank.

a. 信用证必须规定可以有效使用信用证的银行，或者信用证是否对任何银行均为有效。对于被指定银行有效的信用证同样也对开证行有效。

b. A credit must state whether it is available by sight payment, deferred payment, acceptance or negotiation.

b．信用证必须规定它是否适用于即期付款、延期付款、承兑抑或议付。

c．A credit must not be issued available by a draft drawn on the applicant.

c．不得开立包含有以申请人为汇票付款人条款的信用证。

d．i. A credit must state an expiry date for presentation. An expiry date stated for honour or negotiation will be deemed to be an expiry date for presentation.

d．i 信用证必须规定提示单据的有效期限。规定的用于兑付或者议付的有效期限将被认为是提示单据的有效期限。

ii．The place of the bank with which the credit is available is the place for presentation. The place for presentation under a credit available with any bank is that of any bank. A place for presentation other than that of the issuing bank is in addition to the place of the issuing bank.

ii．可以有效使用信用证的银行所在的地点是提示单据的地点。对任何银行均为有效的信用证项下单据提示的地点是任何银行所在的地点。不同于开证行地点的提示单据的地点是开证行地点之外提交单据的地点。

e．Except as provided in sub-article 29 (a), a presentation by or on behalf of the beneficiary must be made on or before the expiry date.

e．除非如 29(a)中规定，由受益人或代表受益人提示的单据必须在到期日当日或在此之前提交。

Article 7 Issuing Bank Undertaking

第七条 开证行的承诺

a. Provided that the stipulated documents are presented to the nominated bank or to the issuing bank and that they constitute a complying presentation, the issuing bank must honour if the credit is available by:

倘若规定的单据被提交至被指定银行或开证行并构成相符提示，开证行必须按下述信用证所适用的情形予以兑付：

i. sight payment, deferred payment or acceptance with the issuing bank;

i. 由开证行即期付款、延期付款或者承兑；

ii. sight payment with a nominated bank and that nominated bank does not pay;

ii. 由被指定银行即期付款而该被指定银行未予付款；

iii. deferred payment with a nominated bank and that nominated bank does not incur its deferred payment undertaking or, having incurred its deferred payment undertaking, does not pay at maturity;

iii. 由被指定银行延期付款而该被指定银行未承担其延期付款承诺，或者虽已承担延期付款承诺但到期未予付款；

iv. acceptance with a nominated bank and that nominated bank does not accept a draft drawn on it or, having accepted a draft drawn on it, does not pay at maturity;

iv. 由被指定银行承兑而该被指定银行未予承兑以其为付款人的汇票，或者虽已承兑以其为付款人的汇票但到期未予付款；

v. negotiation with a nominated bank and that nominated bank does not negotiate.

v. 由被指定银行议付而该被指定银行未予议付。

b. An issuing bank is irrevocably bound to honour as of the time it issues the credit.

b. 自信用证开立之时起，开证行即不可撤销地受到兑付责任的约束。

c. An issuing bank undertakes to reimburse a nominated bank that has honoured or negotiated a complying presentation and forwarded the documents to the issuing bank. Reimbursement for the amount of a complying presentation under a credit available by acceptance or deferred payment is due at maturity, whether or not the nominated bank prepaid or purchased before maturity. An issuing bank's undertaking to reimburse a nominated bank is independent of the issuing bank's undertaking to the beneficiary.

c. 开证行保证向对于相符提示已经予以兑付或者议付并将单据寄往开证行的被指定银行进行偿付。无论被指定银行是否于到期日前已经对相符提示予以预付或者购买，对于承兑或延期付款信用证项下相符提示的金额的偿付于到期日进行。开证行偿付被指定银行的承诺独立于开证行对于受益人的承诺。

Article 8 Confirming Bank Undertaking

第八条 保兑行的承诺

a. Provided that the stipulated documents are presented to the confirming bank or to any other nominated bank and that they constitute a complying presentation, the confirming bank must:

a. 倘若规定的单据被提交至保兑行或者任何其他被指定银行并构成相符提示，保兑行必须：

i. honour, if the credit is available by:

i. 兑付，如果信用证适用于：

a. sight payment, deferred payment or acceptance with the confirming bank;

a. 由保兑行即期付款、延期付款或者承兑；

b. sight payment with another nominated bank and that nominated bank does not pay;

b. 由另一家被指定银行即期付款而该被指定银行未予付款；

c. deferred payment with another nominated bank and that nominated bank does not incur its deferred payment undertaking or, having incurred its deferred payment undertaking, does not pay at maturity;

c. 由另一家被指定银行延期付款而该被指定银行未承担其延期付款承诺，或者虽已承担延期付款承诺但到期未予付款；

d. acceptance with another nominated bank and that nominated bank does not accept a draft drawn on it or, having accepted a draft drawn on it, does not pay at maturity;

d. 由另一家被指定银行承兑而该被指定银行未予承兑以其为付款人的汇票，或者虽已承兑以其为付款人的汇票但到期未予付款；

e. negotiation with another nominated bank and that nominated bank does not negotiate.

e. 由另一家被指定银行议付而该被指定银行未予议付。

ii. negotiate, without recourse 无追索权, if the credit is available by negotiation with the confirming bank.

ii. 若信用证由保兑行议付，无追索权地议付。

b. A confirming bank is irrevocably bound to honour or negotiate as of the time it adds its confirmation to the credit.

b. 自为信用证加具保兑之时起，保兑行即不可撤销地受到兑付或者议付责任的约束。

c. A confirming bank undertakes to reimburse another nominated bank that has honoured or negotiated a complying presentation and forwarded the documents to the confirming bank. Reimbursement for the amount of a complying presentation under a credit available by acceptance or deferred payment is due at maturity, whether or not another nominated bank prepaid or purchased before maturity. A confirming bank's undertaking to reimburse another nominated bank is independent of the confirming bank’ s undertaking to the beneficiary.

c. 保兑行保证向对于相符提示已经予以兑付或者议付并将单据寄往开证行的另一家被指定银行进行偿付。无论另一家被指定银行是否于到期日前已经对相符提示予以预付或者购买，对于承兑或延期付款信用证项下相符提示的金额的偿付于到期日进行。保兑行偿付另一家被指定银行的承诺独立于保兑行对于受益人的承诺。

d. If a bank is authorized or requested by the issuing bank to confirm a credit but is not prepared to do so, it must inform the issuing bank without delay and may advise the credit without confirmation.

d. 如开证行授权或要求另一家银行对信用证加具保兑，而该银行不准备照办时，它必须不延误地告知开证行并仍可通知此份未经加具保兑的信用证。

Article 9 Advising of Credits and Amendments

第九条 信用证及修改的通知

a. A credit and any amendment may be advised to a beneficiary through an advising bank. An advising bank that is not a confirming bank advises the credit and any amendment without any undertaking to honour or negotiate. a. 信用证及其修改可以通过通知行通知受益人。除非已对信用证加具保兑，通知行通知信用证不构成兑付或议付的承诺。

b. By advising the credit or amendment, the advising bank signifies that it has satisfied itself as to the apparent authenticity of the credit or amendment and that the advice accurately reflects the terms and conditions of the credit or amendment received.

b. 通过通知信用证或修改，通知行即表明其认为信用证或修改的表面真实性得到满足，且通知准确地反映了所收到的信用证或修改的条款及条件。

c. An advising bank may utilize the services of another bank (“second advising bank”) to advise the credit and any amendment to the beneficiary. By advising the credit or amendment, the second advising bank signifies that it has satisfied itself as to the apparent authenticity of the advice it has received and that the advice accurately reflects the terms and conditions of the credit or amendment received.

c. 通知行可以利用另一家银行的服务（“第二通知行”）向受益人通知信用证及其修改。通过通知信用证或修改，第二通知行即表明其认为所收到的通知的表面真实性得到满足，且通知准确地反映了所收到的信用证或修改的条款及条件。

d. A bank utilizing the services of an advising bank or second advising bank to advise a credit must use the same bank to advise any amendment thereto.

d. 如一家银行利用另一家通知行或第二通知行的服务将信用证通知给受益人，它也必须利用同一家银行的服务通知修改书。

e. If a bank is requested to advise a credit or amendment but elects not to do so, it must so inform, without delay, the bank from which the credit, amendment or advice has been received.

e. 如果一家银行被要求通知信用证或修改但决定不予通知，它必须不延误通知向其发送信用证、修改或通知的银行。

f. If a bank is requested to advise a credit or amendment but cannot satisfy itself as to the apparent authenticity of the credit, the amendment or the advice, it must so inform, without delay, the bank from which the instructions appear to have been received. If the advising bank or second advising bank elects nonetheless to advise the credit or amendment, it must inform the beneficiary or second advising bank that it has not been able to satisfy itself as to the apparent authenticity of the credit, the amendment or the advice.

f. 如果一家被要求通知信用证或修改，但不能确定信用证、修改或通知的表面真实性，就必须不延误地告知向其发出该指示的银行。如果通知行或第二通知行仍决定通知信用证或修改，则必须告知受益人或第二通知行其未能核实信用证、修改或通知的表面真实性。

Article 10 Amendments

第十条 修改

a. Except as otherwise provided by article 38, a credit can neither be amended nor cancelled without the agreement of the issuing bank, the confirming bank, if any, and the beneficiary.

a. 除本惯例第 38 条另有规定外，凡未经开证行、保兑行（如有）以及受益人同意，信用证既不能修改也不能撤销。

b. An issuing bank is irrevocably bound by an amendment as of the time it issues the amendment. A confirming bank may extend its confirmation to an amendment and will be irrevocably bound as of the time it advises the amendment. A confirming bank may, however, choose to advise an amendment without extending its confirmation and, if so, it must inform the issuing bank without delay and inform the beneficiary in its advice.

b. 自发出信用证修改书之时起，开证行就不可撤销地受其发出修改的约束。保兑行可将其保兑承诺扩展至修改内容，且自其通知该修改之时起，即不可撤销地受到该修改的约束。然而，保兑行可选择仅将修改通知受益人而不对其加具保兑，但必须不延误地将此情况通知开证行和受益人。

c. The terms and conditions of the original credit (or a credit incorporating previously accepted amendments) will remain in force for the beneficiary until the beneficiary communicates its acceptance of the amendment to the bank that advised such amendment. The beneficiary should give notification of acceptance or rejection of an amendment. If the beneficiary fails to give such notification, a presentation that complies with the credit and to any not yet accepted amendment will be deemed to be notification of acceptance by the beneficiary of such amendment. As of that moment the credit will be amended.

c. 在受益人向通知修改的银行表示接受该修改内容之前，原信用证（或包含先前已被接受修改的信用证）的条款和条件对受益人仍然有效。受益人应发出接受或拒绝接受修改的通知。如受益人未提供上述通知，当其提交至被指定银行或开证行的单据与信用证以及尚未表示接受的修改的要求一致时，则该事实即视为受益人已作出接受修改的通知，并从此时起，该信用证已被修改。

d. A bank that advises an amendment should inform the bank from which it received the amendment of any notification of acceptance or rejection.

d. 通知修改的银行应当通知向其发出修改书的银行任何有关接受或拒绝接受修改的通知。

e. Partial acceptance of an amendment is not allowed and will be deemed to be notification of rejection of the amendment.

e. 不允许部分接受修改，部分接受修改将被视为拒绝接受修改的通知。

f. A provision in an amendment to the effect that the amendment shall enter into force unless rejected by the beneficiary within a certain time shall be disregarded.

f. 修改书中作出的除非受益人在某一时间内拒绝接受修改，否则修改将开始生效的条款将被不予置理。

Article 11 Teletransmitted and Pre-Advised Credits and Amendments

第十一条 电讯传递与预先通知的信用证和修改

a. An authenticated teletransmission of a credit or amendment will be deemed to be the operative credit or amendment, and any subsequent mail confirmation shall be disregarded.

If a teletransmission states "full details to follow" (or words of similar effect), or states that the mail confirmation is to be the operative credit or amendment, then the teletransmission will not be deemed to be the operative credit or amendment. The issuing bank must then issue the operative credit or amendment without delay in terms not inconsistent with the teletransmission.

a. 经证实的信用证或修改的电讯文件将被视为有效的信用证或修改，任何随后的邮寄证实书将被不予置理。

若该电讯文件声明“详情后告”（或类似词语）或声明随后寄出的邮寄证实书将是有效的信用证或修改，则该电讯文件将被视为无效的信用证或修改。开证行必须随即不延误地开出有效的信用证或修改，且条款不能与电讯文件相矛盾。

b. A preliminary advice of the issuance of a credit or amendment (“pre-advice”) shall only be sent if the issuing bank is prepared to issue the operative credit or amendment. An issuing bank that sends a pre-advice is irrevocably committed to issue the operative credit or amendment, without delay, in terms not inconsistent with the pre-advice.

b. 只有准备开立有效信用证或修改的开证行，才可以发出开立信用证或修改预先通知书。发出预先通知的开证行应不可撤销地承诺将不延误地开出有效的信用证或修改，且条款不能与预先通知书相矛盾。

Article 12 Nomination

第十二条 指定

a. Unless a nominated bank is the confirming bank, an authorization to honour or negotiate does not impose any obligation on that nominated bank to honour or negotiate, except when expressly agreed to by that nominated bank and so communicated to the beneficiary.

a. 除非一家被指定银行是保兑行，对被指定银行进行兑付或议付的授权并不构成其必须兑付或议付的义务，被指定银行明确同意并照此通知受益人的情形除外。

b. By nominating a bank to accept a draft or incur a deferred payment undertaking, an issuing bank authorizes that nominated bank to prepay or purchase a draft accepted or a deferred payment undertaking incurred by that nominated bank.

b. 通过指定一家银行承兑汇票或承担延期付款承诺，开证行即授权该被指定银行预付或购买经其承兑的汇票或由其承担延期付款的承诺。

c. Receipt or examination and forwarding of documents by a nominated bank that is not a confirming bank does not make that nominated bank liable to honour or negotiate, nor does it constitute honour or negotiation.

c. 非保兑行身份的被指定银行接受、审核并寄送单据的行为既不使得该被指定银行具有兑付或议付的义务，也不构成兑付或议付。

Article 13 Bank-to-Bank Reimbursement Arrangements

第十三条 银行间偿付约定

a. If a credit states that reimbursement is to be obtained by a nominated bank ("claiming bank") claiming on another party ("reimbursing bank"), the credit must state if the reimbursement is subject to the ICC rules for bank-to-bank reimbursements in effect on the date of issuance of the credit.

a. 如果信用证规定被指定银行（“索偿行”）须通过向另一方银行（“偿付行”）索偿获得偿付，则信用证中必须声明是否按照信用证开立日正在生效的国际商会《银行间偿付规则》办理。

b. If a credit does not state that reimbursement is subject to the ICC rules for bank-to-bank reimbursements, the following apply:

b. 如果信用证中未声明是否按照国际商会《银行间偿付规则》办理，则适用于下列条款：

i. An issuing bank must provide a reimbursing bank with a reimbursement authorization that conforms with the availability stated in the credit. The reimbursement authorization should not be subject to an expiry date.

i. 开证行必须向偿付行提供偿付授权书，该授权书须与信用证中声明的有效性一致。偿付授权书不应规定有效日期。

ii. A claiming bank shall not be required to supply a reimbursing bank with a certificate of compliance with the terms and conditions of the credit.

ii. 不应要求索偿行向偿付行提供证实单据与信用证条款及条件相符的证明。

iii. An issuing bank will be responsible for any loss of interest, together with any expenses incurred, if reimbursement is not provided on first demand by a reimbursing bank in accordance with the terms and conditions of the credit.

iii. 如果偿付行未能按照信用证的条款及条件在首次索偿时即行偿付，则开证行应对索偿行的利息损失以及产生的费用负责。

iv. A reimbursing bank's charges are for the account of the issuing bank. However, if the charges are for the account of the beneficiary, it is the responsibility of an issuing bank to so indicate in the credit and in the reimbursement authorization. If a reimbursing bank's charges are for the account of the beneficiary, they shall be deducted from the amount due to a claiming bank when reimbursement is made. If no reimbursement is made, the reimbursing bank's charges remain the obligation of the issuing bank.

iv. 偿付行的费用应由开证行承担。然而，如果费用系由受益人承担，则开证行有责任在信用证和偿付授权书中予以注明。如偿付行的费用系由受益人承担，则该费用应在偿付时从支付索偿行的金额中扣除。如果未发生偿付，开证行仍有义务承担偿付行的费用。

c. An issuing bank is not relieved of any of its obligations to provide reimbursement if reimbursement is not made by a reimbursing bank on first demand.

c. 如果偿付行未能于首次索偿时即行偿付，则开证行不能解除其自身的偿付责任。

Article 14 Standard for Examination of Documents

第十四条 审核单据的标准

a. A nominated bank acting on its nomination, a confirming bank, if any, and the issuing bank must examine a presentation to determine, on the basis of the documents alone, whether or not the documents appear on their face to constitute a complying presentation.

a. 按照指定行事的被指定银行、保兑行（如有）以及开证行必须对提示的单据进行审核，并仅以单据为基础，以决定单据在表面上看来是否构成相符提示。

b. A nominated bank acting on its nomination, a confirming bank, if any, and the issuing bank shall each have a maximum of five banking days following the day of presentation to determine if a presentation is complying. This period is not curtailed or otherwise affected by the occurrence on or after the date of presentation of any expiry date or last day for presentation.

b. 按照指定行事的被指定银行、保兑行（如有）以及开证行，自其收到提示单据的翌日起算，应各自拥有最多不超过五个银行工作日的时间以决定提示是否相符。该期限不因单据提示日适逢信用证有效期或最迟提示期或在其之后而被缩减或受到其他影响。

c. A presentation including one or more original transport documents subject to articles 19, 20, 21, 22, 23, 24 or 25 must be made by or on behalf of the beneficiary not later than 21 calendar days after the date of shipment as described in these rules, but in any event not later than the expiry date of the credit.

c. 提示若包含一份或多份按照本惯例第 19 条、20 条、21 条、22 条、23 条、24 条或 25 条出具的正本运输单据，则必须由受益人或其代表按照相关条款在不迟于装运日后的二十一个公历日内提交，但无论如何不得迟于信用证的到期日。

d. Data in a document, when read in context with the credit, the document itself and international standard banking practice, need not be identical to, but must not conflict with, data in that document, any other stipulated document or the credit.

d. 单据中内容的描述不必与信用证、信用证对该项单据的描述以及国际标准银行实务完全一致，但不得与该项单据中的内容、其他规定的单据或信用证相冲突。

e. In documents other than the commercial invoice, the description of the goods, services or performance, if stated, may be in general terms not conflicting with their description in the credit.

e. 除商业发票外，其他单据中的货物、服务或行为描述若须规定，可使用统称，但不得与信用证规定的描述相矛盾。

f. If a credit requires presentation of a document other than a transport document, insurance document or commercial invoice, without stipulating by whom the document is to be issued or its data content, banks will accept the document as presented if its content appears to fulfil the function of the required document and otherwise complies with sub-article 14 (d).

f. 如果信用证要求提示运输单据、保险单据和商业发票以外的单据，但未规定该单据由何人出具或单据的内容。如信用证对此未做规定，只要所提交单据的内容看来满足其功能需要且其他方面与十四条（d）款相符，银行将对提示的单据予以接受。

g. A document presented but not required by the credit will be disregarded and may be returned to the presenter.

g. 提示信用证中未要求提交的单据，银行将不予置理。如果收到此类单据，可以退还提示人。

h. If a credit contains a condition without stipulating the document to indicate compliance with the condition, banks will deem such condition as not stated and will disregard it.

h. 如果信用证中包含某项条件而未规定需提交与之相符的单据，银行将认为未列明此条件，并对此不予置理。

i. A document may be dated prior to the issuance date of the credit, but must not be dated later than its date of presentation.

i. 单据的出单日期可以早于信用证开立日期，但不得迟于信用证规定的提示日期。

j. When the addresses of the beneficiary and the applicant appear in any stipulated document, they need not be the same as those stated in the credit or in any other stipulated document, but must be within the same country as the respective addresses mentioned in the credit. Contact details (telefax, telephone, email and the like) stated as part of the beneficiary’s and the applicant’s address will be disregarded. However, when the address and contact details of the applicant appear as part of the consignee or notify party details on a transport document subject to articles 19, 20, 21, 22, 23, 24 or 25, they must be as stated in the credit.

j. 当受益人和申请人的地址显示在任何规定的单据上时，不必与信用证或其他规定单据中显示的地址相同，但必须与信用证中述及的各自地址处于同一国家内。用于联系的资料（电传、电话、电子邮箱及类似方式）如作为受益人和申请人地址的组成部分将被不予置理。然而，当申请人的地址及联系信息作为按照 19 条、20 条、21 条、22 条、23 条、24 条或 25 条出具的运输单据中收货人或通知方详址的组成部分时，则必须按照信用证规定予以显示。

k. The shipper or consignor of the goods indicated on any document need not be the beneficiary of the credit.

k. 显示在任何单据中的货物的托运人或发货人不必是信用证的受益人。

l. A transport document may be issued by any party other than a carrier, owner, master or charterer provided that the transport document meets the requirements of articles 19, 20, 21, 22, 23 or 24 of these rules.

假如运输单据能够满足本惯例第 19 条、20 条、21 条、22 条、23 条或 24 条的要求，则运输单据可以由承运人、船东、船长或租船人以外的任何一方出具。

Article 15 Complying Presentation

第十五条 相符提示

a. When an issuing bank determines that a presentation is complying, it must honour.

a. 当开证行确定提示相符时，就必须予以兑付。

b. When a confirming bank determines that a presentation is complying, it must honour or negotiate and forward the documents to the issuing bank.

b. 当保兑行确定提示相符时，就必须予以兑付或议付并将单据寄往开证行。

c. When a nominated bank determines that a presentation is complying and honours or negotiates, it must forward the documents to the confirming bank or issuing bank.

c. 当被指定银行确定提示相符并予以兑付或议付时，必须将单据寄往保兑行或开证行。

Article 16 Discrepant Documents, Waiver and Notice

第十六条 不符单据及不符点的放弃与通知

a. When a nominated bank acting on its nomination, a confirming bank, if any, or the issuing bank determines that a presentation does not comply, it may refuse to honour or negotiate.

a. 当按照指定行事的被指定银行、保兑行（如有）或开证行确定提示不符时，可以拒绝兑付或议付。

b. When an issuing bank determines that a presentation does not comply, it may in its sole judgement approach the applicant for a waiver of the discrepancies. This does not, however, extend the period mentioned in sub-article 14 (b).

b. 当开证行确定提示不符时，可以依据其独立的判断联系申请人放弃有关不符点。然而，这并不因此延长 14 条（b）款中述及的期限。

c. When a nominated bank acting on its nomination, a confirming bank, if any, or the issuing bank decides to refuse to honour or negotiate, it must give a single notice to that effect to the presenter.

c. 当按照指定行事的被指定银行、保兑行（如有）或开证行决定拒绝兑付或议付时，必须一次性通知提示人。

The notice must state:

通知必须声明：

i. that the bank is refusing to honour or negotiate; and

i. 银行拒绝兑付或议付；及

ii. each discrepancy in respect of which the bank refuses to honour or negotiate; and

ii. 银行凭以拒绝兑付或议付的各个不符点；及

iii. a) that the bank is holding the documents pending further instructions from the presenter; or

iii. a) 银行持有单据等候提示人进一步指示；或

b) that the issuing bank is holding the documents until it receives a waiver from the applicant and agrees to accept it, or receives further instructions from the presenter prior to agreeing to accept a waiver; or

b) 开证行持有单据直至收到申请人通知弃权并同意接受该弃权，或在同意接受弃权前从提示人处收到进一步指示；或

c) that the bank is returning the documents; or

c) 银行退回单据；或

d) that the bank is acting in accordance with instructions previously received from the presenter.

d) 银行按照先前从提示人处收到的指示行事。

d. The notice required in sub-article 16 (c) must be given by telecommunication or, if that is not possible, by other expeditious means no later than the close of the fifth banking day following the day of presentation.

d. 第十六条（c）款中要求的通知必须以电讯方式发出，或者，如果不可能以电讯方式通知时，则以其他快捷方式通知，但不得迟于提示单据日期翌日起第五个银行工作日终了。

e. A nominated bank acting on its nomination, a confirming bank, if any, or the issuing bank may, after providing notice required by sub-article 16 (c) (iii) (a) or (b), return the documents to the presenter at any time.

e. 按照指定行事的被指定银行、保兑行（如有）或开证行可以在提供第十六条（c）款（iii）、（a）款或（b）款要求提供的通知后，于任何时间将单据退还提示人。

f. If an issuing bank or a confirming bank fails to act in accordance with the provisions of this article, it shall be precluded from claiming that the documents do not constitute a complying presentation.

f. 如果开证行或保兑行未能按照本条款的规定行事，将无权宣称单据未能构成相符提示。

g. When an issuing bank refuses to honour or a confirming bank refuses to honour or negotiate and has given notice to that effect in accordance with this article, it shall then be entitled to claim a refund, with interest, of any reimbursement made.

g. 当开证行拒绝兑付或保兑行拒绝兑付或议付，并已经按照本条款发出通知时，该银行将有权就已经履行的偿付索取退款及其利息。

Article 17 Original Documents and Copies

第十七条 正本单据和副本单据

a. At least one original of each document stipulated in the credit must be presented.

a. 信用证中规定的各种单据必须至少提供一份正本。

b. A bank shall treat as an original any document bearing an apparently original signature, mark, stamp, or label of the issuer of the document, unless the document itself indicates that it is not an original.

b. 除非单据本身表明其不是正本，银行将视任何单据表面上具有单据出具人正本签字、标志、图章或标签的单据为正本单据。

c. Unless a document indicates otherwise 另外的, a bank will also accept a document as original if it:

c. 除非单据另有显示，银行将接受单据作为正本单据如果该单据：

i. appears to be written, typed, perforated or stamped by the document issuer’ s hand; or

i. 表面看来由单据出具人手工书写、打字、穿孔签字或盖章；或

ii. appears to be on the document issuer’ s original stationery; or

ii. 表面看来使用单据出具人的正本信笺；或

iii. states that it is original, unless the statement appears not to apply to the document presented.

iii. 声明单据为正本，除非该项声明表面看来与所提示的单据不符。

d. If a credit requires presentation of copies of documents, presentation of either originals or copies is permitted.

d. 如果信用证要求提交副本单据，则提交正本单据或副本单据均可。

e. If a credit requires presentation of multiple documents by using terms such as “in duplicate”,“in two fold”or“in two copies”, this will be satisfied by the presentation of at least one original and the remaining number in copies, except when the document itself indicates otherwise.

e. 如果信用证使用诸如“一式两份”“两张”“两份”等术语要求提交多份单据，则可以提交至少一份正本，其余份数以副本来满足。但单据本身另有相反指示者除外。

Article 18 Commercial Invoice

第十八条 商业发票

a. A commercial invoice:

a. 商业发票：

i. must appear to have been issued by the beneficiary (except as provided in article 38);

i. 必须在表面上看来系由受益人出具（第三十八条另有规定者除外）；

ii. must be made out in the name of the applicant (except as provided in sub-article 38 (g));

ii. 必须做成以申请人的名称为抬头（第三十八条（g）款另有规定者除外）

iii. must be made out in the same currency as the credit; and

iii. 必须将发票币别作成与信用证相同币种。

iv. need not be signed.

iv. 无须签字。

b. A nominated bank acting on its nomination, a confirming bank, if any, or the issuing bank may accept a commercial invoice issued for an amount in excess of the amount permitted by the credit, and its decision will be binding upon all parties, provided the bank in question has not honoured or negotiated for an amount in excess of that permitted by the credit.

b. 按照指定行事的被指定银行、保兑行（如有）或开证行可以接受金额超过信用证所允许金额的商业发票，倘若有关银行已兑付或已议付的金额没有超过信用证所允许的金额，则该银行的决定对各有关方均具有约束力。

c. The description of the goods, services or performance in a commercial invoice must correspond with that appearing in the credit.

c. 商业发票中货物、服务或行为的描述必须与信用证中显示的内容相符。

Article 19 Transport Document Covering at Least Two Different Modes of Transport

第十九条 至少包括两种不同运输方式的运输单据

a. A transport document covering at least two different modes of transport (multimodal or combined transport document), however named, must appear to:

a. 至少包括两种不同运输方式的运输单据（即多式运输单据或联合运输单据），不论其称谓如何，必须在表明上看来：

i. indicate the name of the carrier and be signed by:

i. 显示承运人名称并由下列人员签署：

- the carrier or a named agent for or on behalf of the carrier, or

v 承运人或承运人的具名代理或代表，或

- the master or a named agent for or on behalf of the master.

船长或船长的具名代理或代表。v

Any signature by the carrier, master or agent must be identified as that of the carrier, master or agent.

承运人、船长或代理的任何签字必须分别表明承运人、船长或代理的身份。

Any signature by an agent must indicate whether the agent has signed for or on behalf of the carrier or for or on behalf of the master.

代理的签字必须显示其是否作为承运人或船长的代理或代表签署提单。

ii. indicate that the goods have been dispatched, taken in charge or shipped on board at the place stated in the credit, by:

ii. 通过下述方式表明货物已在信用证规定的地点发运、接受监管或装载

• pre-printed wording, or

预先印就的措词，或

• a stamp or notation indicating the date on which the goods have been dispatched, taken in charge or shipped on board.

注明货物已发运、接受监管或装载日期的图章或批注。

The date of issuance of the transport document will be deemed to be the date of dispatch, taking in charge or shipped on board, and the date of shipment. However, if the transport document indicates, by stamp or notation, a date of dispatch, taking in charge or shipped on board, this date will be deemed to be the date of shipment.

运输单据的出具日期将被视为发运、接受监管或装载以及装运日期。然而，如果运输单据以盖章或批注方式标明发运、接受监管或装载日期，则此日期将被视为装运日期。

iii. indicate the place of dispatch, taking in charge or shipment and the place of final destination stated in the credit, even if:

iii. 显示信用证中规定的发运、接受监管或装载地点以及最终目的地的地点，即使：

a. the transport document states, in addition, a different place of dispatch, taking in charge or shipment or place of final destination, or

a. 运输单据另外显示了不同的发运、接受监管或装载地点或最终目的地的地点，或

b. the transport document contains the indication "intended" or similar qualification in relation to the vessel, port of loading or port of discharge.

b. 运输单据包含“预期”或类似限定有关船只、装货港或卸货港的指示。

iv. be the sole original transport document or, if issued in more than one original, be the full set as indicated on the transport document.

iv. 系仅有的一份正本运输单据，或者，如果出具了多份正本运输单据，应是运输单据中显示的全套正本份数。

v. contain terms and conditions of carriage or make reference to another source containing the terms and conditions of carriage (short form or blank back transport document). Contents of terms and conditions of carriage will not be examined.

v. 包含承运条件须参阅包含承运条件条款及条件的某一出处（简式或背面空白的运输单据）者，银行对此类承运条件的条款及条件内容不予审核。

vi. contain no indication that it is subject to a charter party.

vi. 未注明运输单据受租船合约约束。

b. For the purpose of this article, transhipment means unloading from one means of conveyance and reloading to another means of conveyance (whether or not in different modes of transport) during the carriage from the place of dispatch, taking in charge or shipment to the place of final destination stated in the credit.

b. 就本条款而言，转运意指货物在信用证中规定的发运、接受监管或装载地点到最终目的地的运输过程中，从一个运输工具卸下并重新装载到另一个运输工具上（无论是否为不同运输方式）的运输。

c. i. A transport document may indicate that the goods will or may be transhipped provided that the entire carriage is covered by one and the same transport document.

c. i. 只要同一运输单据包括运输全程，则运输单据可以注明货物将被转运或可被转运。

ii. A transport document indicating that transhipment will or may take place is acceptable, even if the credit prohibits transhipment.

ii. 即使信用证禁止转运，银行也将接受注明转运将发生或可能发生的运输单据。

Article 20 Bill of Lading

第二十条 提单

a. A bill of lading, however named, must appear to:

a. 无论其称谓如何，提单必须表面上看来：

i. indicate the name of the carrier and be signed by:

i. 显示承运人名称并由下列人员签署：

• the carrier or a named agent for or on behalf of the carrier, or

承运人或承运人的具名代理或代表，或v

• the master or a named agent for or on behalf of the master.

船长或船长的具名代理或代表。v

Any signature by the carrier, master or agent must be identified as that of the carrier, master or agent.

承运人、船长或代理的任何签字必须分别表明其承运人、船长或代理的身份。

Any signature by an agent must indicate whether the agent has signed for or on behalf of the carrier or for or on behalf of the master.

代理的签字必须显示其是否作为承运人或船长的代理或代表签署提单。

ii. indicate that the goods have been shipped on board a named vessel at the port of loading stated in the credit by:

ii. 通过下述方式表明货物已在信用证规定的装运港装载上具名船只：

• pre-printed wording, or

预先印就的措词，或

• an on board notation indicating the date on which the goods have been shipped on board.

注明货物已装船日期的装船批注。

The date of issuance of the bill of lading will be deemed to be the date of shipment unless the bill of lading contains an on board notation indicating the date of shipment, in which case the date stated in the on board notation will be deemed to be the date of shipment.

提单的出具日期将被视为装运日期，除非提单包含注明装运日期的装船批注，在此情况下，装船批注中显示的日期将被视为装运日期。

If the bill of lading contains the indication "intended vessel" or similar qualification in relation to the name of the vessel, an on board notation indicating the date of shipment and the name of the actual vessel is required.

如果提单包含“预期船”字样或类似有关限定船只的词语时，装上具名船只必须由注明装运日期以及实际装运船只名称的装船批注来证实。

iii. indicate shipment from the port of loading to the port of discharge stated in the credit.

iii. 注明装运从信用证中规定的装货港至卸货港。

If the bill of lading does not indicate the port of loading stated in the credit as the port of loading, or if it contains the indication “intended” or similar qualification in relation to the port of loading, an on board notation indicating the port of loading as stated in the credit, the date of shipment and the name of the vessel is required. This provision applies even when loading on board or shipment on a named vessel is indicated by pre-printed wording on the bill of lading.

如果提单未注明以信用证中规定的装货港作为装货港，或包含“预期”或类似有关限定装货港的标注者，则需要提供注明信用证中规定的装货港、装运日期以及船名的装船批注。即使提单上已注明印就的“已装船”或“已装具名船只”措词，本规定仍然适用。

iv. be the sole original bill of lading or, if issued in more than one original, be the full set as indicated on the bill of lading.

iv. 系仅有的一份正本提单，或者，如果出具了多份正本，应是提单中显示的全套正本份数。

iv. contain terms and conditions of carriage or make reference to another source containing the terms and conditions of carriage (short form or blank back bill of lading). Contents of terms and conditions of carriage will not be examined.

Iv. 包含承运条件须参阅包含承运条件条款及条件的某一出处（简式或背面空白的提单）者，银行对此类承运条件的条款及条件内容不予审核。

vi. contain no indication that it is subject to a charter party.

vi. 未注明运输单据受租船合约约束。

b. For the purpose of this article, transhipment means unloading from one vessel and reloading to another vessel during the carriage from the port of loading to the port of discharge stated in the credit.

b. 就本条款而言，转运意指在信用证规定的装货港到卸货港之间的海运过程中，将货物由一艘船卸下再装上另一艘船的运输。

c. i. A bill of lading may indicate that the goods will or may be transhipped provided that the entire carriage is covered by one and the same bill of lading.

c. i. 只要同一提单包括运输全程，则提单可以注明货物将被转运或可被转运。

ii. A bill of lading indicating that transhipment will or may take place is acceptable, even if the credit prohibits transhipment, if the goods have been shipped in a container, trailer or LASH barge as evidenced by the bill of lading.

ii. 银行可以接受注明将要发生或可能发生转运的提单。即使信用证禁止转运，只要提单上证实有关货物已由集装箱、拖车或子母船运输，银行仍可接受注明将要发生或可能发生转运的提单。

d. Clauses in a bill of lading stating that the carrier reserves the right to tranship will be disregarded.

d. 对于提单中包含的声明承运人保留转运权利的条款，银行将不予置理。

Article 21 Non-Negotiable Sea Waybill

第二十一条 非转让海运单

a. A non-negotiable sea waybill, however named, must appear to:

a. 无论其称谓如何，非转让海运单必须表面上看来：

i. indicate the name of the carrier and be signed by:

i. 显示承运人名称并由下列人员签署：

• the carrier or a named agent for or on behalf of the carrier, or

承运人或承运人的具名代理或代表，或

• the master or a named agent for or on behalf of the master.

船长或船长的具名代理或代表。

Any signature by the carrier, master or agent must be identified as that of the carrier, master or agent.

承运人、船长或代理的任何签字必须分别表明其承运人、船长或代理的身份。

Any signature by an agent must indicate whether the agent has signed for or on behalf of the carrier or for or on behalf of the master.

代理的签字必须显示其是否作为承运人或船长的代理或代表签署提单。

ii. indicate that the goods have been shipped on board a named vessel at the port of loading stated in the credit by:

ii. 通过下述方式表明货物已在信用证规定的装运港装载上具名船只：

• pre-printed wording, or

预先印就的措词，或

• an on board notation indicating the date on which the goods have been shipped on board.

注明货物已装船日期的装船批注。

The date of issuance of the non-negotiable sea waybill will be deemed to be the date of shipment unless the non-negotiable sea waybill contains an on board notation indicating the date of shipment, in which case the date stated in the on board notation will be deemed to be the date of shipment.

非转让海运单的出具日期将被视为装运日期，除非非转让海运单包含注明装运日期的装船批注，在此情况下，装船批注中显示的日期将被视为装运日期。

If the non-negotiable sea waybill contains the indication "intended vessel" or similar qualification in relation to the name of the vessel, an on board notation indicating the date of shipment and the name of the actual vessel is required.

如果非转让海运单包含“预期船”字样或类似有关限定船只的词语时，装上具名船只必须由注明装运日期以及实际装运船只名称的装船批注来证实。

iii. indicate shipment from the port of loading to the port of discharge stated in the credit.

iii. 注明装运从信用证中规定的装货港至卸货港。

If the non-negotiable sea waybill does not indicate the port of loading stated in the credit as the port of loading, or if it contains the indication “intended” or similar qualification in relation to the port of loading, an on board notation indicating the port of loading as stated in the credit, the date of shipment and the name of the vessel is required.

This provision applies even when loading on board or shipment on a named vessel is indicated by pre-printed wording on the non-negotiable sea waybill.

如果非转让海运单未注明以信用证中规定的装货港作为装货港，或包含“预期”或类似有关限定装货港的标注者，则需要提供注明信用证中规定的装货港、装运日期以及船名的装船批注。即使非转让海运单上已注明印就的“已装船”或“已装具名船只”措词，本规定仍然适用。

iv. be the sole original non-negotiable sea waybill or, if issued in more than one original, be the full set as indicated on the non-negotiable sea waybill.

iv. 系仅有的一份正本非转让海运单，或者，如果出具了多份正本，应是非转让海运单中显示的全套正本份数。

v. contain terms and conditions of carriage or make reference to another source containing the terms and conditions of carriage (short form or blank back non-negotiable sea waybill). Contents of terms and conditions of carriage will not be examined.

v. 包含承运条件须参阅包含承运条件条款及条件的某一出处（简式或背面空白的提单）者，银行对此类承运条件的条款及条件内容不予审核。

vi. contain no indication that it is subject to a charter party.

vi. 未注明运输单据受租船合约约束。

b. For the purpose of this article, transhipment means unloading from one vessel and reloading to another vessel during the carriage from the port of loading to the port of discharge stated in the credit.

b. 就本条款而言，转运意指在信用证规定的装货港到卸货港之间的海运过程中，将货物由一艘船卸下再装上另一艘船的运输。

c. i. A non-negotiable sea waybill may indicate that the goods will or may be transhipped provided that the entire carriage is covered by one and the same non-negotiable sea waybill.

c. i. 只要同一非转让海运单包括运输全程，则非转让海运单可以注明货物将被转运或可被转运。

ii. A non-negotiable sea waybill indicating that transhipment will or may take place is acceptable, even if the credit prohibits transhipment, if the goods have been shipped in a container, trailer or LASH barge 子母船 as evidenced by the non-negotiable sea waybill.

ii. 银行可以接受注明将要发生或可能发生转运的非转让海运单。即使信用证禁止转运，只要非转让海运单上证实有关货物已由集装箱、拖车或子母船运输，银行仍可接受注明将要发生或可能发生转运的非转让海运单。

d. Clauses in a non-negotiable sea waybill stating that the carrier reserves the right to tranship will be disregarded.

d. 对于非转让海运单中包含的声明承运人保留转运权利的条款，银行将不予置理。

Article 22 Charter Party Bill of Lading

第二十二条 租船合约提单

a. A bill of lading, however named, containing an indication that it is subject to a charter party (charter party bill of lading), must appear to:

a. 无论其称谓如何，倘若提单包含有提单受租船合约约束的指示（即租船合约提单），则必须在表面上看来：

i. be signed by:

i. 由下列当事方签署：

- the master or a named agent for or on behalf of the master, or

船长或船长的具名代理或代表，或

- the owner or a named agent for or on behalf of the owner, or

船东或船东的具名代理或代表，或

- the charterer or a named agent for or on behalf of the charterer.

租船主或租船主的具名代理或代表。

Any signature by the master, owner, charterer or agent must be identified as that of the master, owner, charterer or agent.

船长、船东、租船主或代理的任何签字必须分别表明其船长、船东、租船主或代理的身份。

Any signature by an agent must indicate whether the agent has signed for or on behalf of the master, owner or charterer.

代理的签字必须显示其是否作为船长、船东或租船主的代理或代表签署提单。

An agent signing for or on behalf of the owner or charterer must indicate the name of the owner or charterer.

代理人代理或代表船东或租船主签署提单时必须注明船东或租船主的名称。

ii. indicate that the goods have been shipped on board a named vessel at the port of loading stated in the credit by:

ii. 通过下述方式表明货物已在信用证规定的装运港装载上具名船只：

• pre-printed wording, or

预先印就的措词，或

• an on board notation indicating the date on which the goods have been shipped on board.

注明货物已装船日期的装船批注。

The date of issuance of the charter party bill of lading will be deemed to be the date of shipment unless the charter party bill of lading contains an on board notation indicating the date of shipment, in which case the date stated in the on board notation will be deemed to be the date of shipment.

租船合约提单的出具日期将被视为装运日期，除非租船合约提单包含注明装运日期的装船批注，在此情况下，装船批注中显示的日期将被视为装运日期。

iii. indicate shipment from the port of loading to the port of discharge stated in the credit. The port of discharge may also be shown as a range of ports or a geographical area, as stated in the credit.

iii. 注明货物由信用证中规定的装货港运输至卸货港。卸货港可以按信用证中的规定显示为一组港口或某个地理区域。

iv. be the sole original charter party bill of lading or, if issued in more than one original, be the full set as indicated on the charter party bill of lading.

iv. 系仅有的一份正本租船合约提单，或者，如果出具了多份正本，应是租船合约提单中显示的全套正本份数。

b. A bank will not examine charter party contracts, even if they are required to be presented by the terms of the credit.

b. 即使信用证中的条款要求提交租船合约，银行也将对该租船合约不予审核。

Article 23 Air Transport Document

第二十三条 空运单据

a. An air transport document, however named, must appear to:

a. 无论其称谓如何，空运单据必须在表面上看来：

i. indicate the name of the carrier and be signed by:

i. 注明承运人名称并由下列当事方签署：

• the carrier, or

承运人，或

• a named agent for or on behalf of the carrier.

承运人的具名代理或代表。

Any signature by the carrier or agent must be identified as that of the carrier or agent.

承运人或代理的任何签字必须分别表明其承运人或代理的身份。

Any signature by an agent must indicate that the agent has signed for or on behalf of the carrier.

代理的签字必须显示其是否作为承运人的代理或代表签署空运单据。

ii. indicate that the goods have been accepted for carriage.

ii. 注明货物已收妥待运。

iii. indicate the date of issuance. This date will be deemed to be the date of shipment unless the air transport document contains a specific notation of the actual date of shipment, in which case the date stated in the notation will be deemed to be the date of shipment.

iii. 注明出具日期。这一日期将被视为装运日期，除非空运单据包含注有实际装运日期的专项批注，在此种情况下，批注中显示的日期将被视为装运日期。

Any other information appearing on the air transport document relative to the flight number and date will not be considered in determining the date of shipment.

空运单据显示的其他任何与航班号和起飞日期有关的信息不能被视为装运日期。

iv. indicate the airport of departure and the airport of destination stated in the credit.

iv. 表明信用证规定的起飞机场和目的地机场。

v. be the original for consignor or shipper, even if the credit stipulates a full set of originals.

v.为开给发货人或拖运人的正本，即使信用证规定提交全套正本。

vi. contain terms and conditions of carriage or make reference to another source containing the terms and conditions of carriage. Contents of terms and conditions of carriage will not be examined.

vi.载有承运条款和条件，或提示条款和条件参见别处。银行将不审核承运条款和条件的内容。

b. For the purpose of this article, transhipment means unloading from one aircraft and reloading to another aircraft during the carriage from the airport of departure to the airport of destination stated in the credit.

b.就本条而言，转运是指在信用证规定的起飞机场到目的地机场的运输过程中，将货物从一飞机卸下再装上另一飞机的行为。

c. i. An air transport document may indicate that the goods will or may be transhipped, provided that the entire carriage is covered by one and the same air transport document.

c.i.空运单据可以注明货物将要或可能转运，只要全程运输由同一空运单据涵盖。

ii. An air transport document indicating that transhipment will or may take place is acceptable, even if the credit prohibits transhipment.

ii.即使信用证禁止转运，注明将要或可能发生转运的空运单据仍可接受。

Article 24 Road, Rail or Inland Waterway Transport Documents

第二十四条公路、铁路或内陆水运单据

a. A road, rail or inland waterway transport document, however named, must appear to:

a.公路、铁路或内陆水运单据，无论名称如何，必须看似：

i. indicate the name of the carrier and:

i．表明承运人名称，并且

• be signed by the carrier or a named agent for or on behalf of the carrier, or

。由承运人或其具名代理人签署，或者

• indicate receipt of the goods by signature, stamp or notation by the carrier or a named agent for or on behalf of the carrier.

由承运人或其具名代理人以签字、印戳或批注表明货物收讫。

Any signature, stamp or notation of receipt of the goods by the carrier or agent must be identified as that of the carrier or agent.

承运人或其具名代理人的售货签字、印戳或批注必须标明其承运人或代理人的身份。

Any signature, stamp or notation of receipt of the goods by the agent must indicate that the agent has signed or acted for or on behalf of the carrier.

代理人的收获签字、印戳或批注必须标明代理人系代表承运人签字或行事。

If a rail transport document does not identify the carrier, any signature or stamp of the railway company will be accepted as evidence of the document being signed by the carrier.

如果铁路运输单据没有指明承运人，可以接受铁路运输公司的任何签字或印戳作为承运人签署单据的证据。

ii. indicate the date of shipment or the date the goods have been received for shipment, dispatch or carriage at the place stated in the credit. Unless the transport document contains a dated reception、stamp, an indication of the date of receipt or a date of shipment, the date of issuance of the transport document will be deemed to be the date of shipment.

ii.表明货物在信用证规定地点的发运日期，或者收讫代运或代发送的日期。运输单据的出具日期将被视为发运日期，除非运输单据上盖有带日期的收货印戳，或注明了收货日期或发运日期。

iii. indicate the place of shipment and the place of destination stated in the credit.

Iii．表明信用证规定的发运地及目的地。

b. i. A road transport document must appear to be the original for consignor or shipper or bear no marking indicating for whom the document has been prepared.

b.i.公路运输单据必须看似为开给发货人或托运人的正本，或没有认可标记表明单据开给何人。

ii. A rail transport document marked "duplicate" will be accepted as an original.

ii.注明“第二联”的铁路运输单据将被作为正本接受。

iii. A rail or inland waterway transport document will be accepted as an original whether marked as an original or not.

iii.无论是否注明正本字样，铁路或内陆水运单据都被作为正本接受。

c. In the absence of an indication on the transport document as to the number of originals issued, the number presented will be deemed to constitute a full set.

c.如运输单据上未注明出具的正本数量，提交的分数即视为全套正本。

d. For the purpose of this article, transhipment means unloading from one means of conveyance and reloading to another means of conveyance, within the same mode of transport, during the carriage from the place of shipment, dispatch or carriage to the place of destination stated in the credit.

d.就本条而言，转运是指在信用证规定的发运、发送或运送的地点到目的地之间的运输过程中，在同一运输方式中从一运输工具卸下再装上另一运输工具的行为。

e. i. A road, rail or inland waterway transport document may indicate that the goods will or may be transhipped provided that the entire carriage is covered by one and the same transport document.

e.i.只要全程运输由同一运输单据涵盖，公路、铁路或内陆水运单据可以注明货物将要或可能被转运。

ii. A road, rail or inland waterway transport document indicating that transhipment will or may take place is acceptable, even if the credit prohibits transhipment.

ii.即使信用证禁止转运，注明将要或可能发生转运的公路、铁路或内陆水运单据仍可接受。

Article 25 Courier Receipt, Post Receipt or Certificate of Posting

第二十五条 快递收据、邮政收据或投邮证明

a. A courier receipt, however named, evidencing receipt of goods for transport, must appear to:

a.证明货物收讫待运的快递收据，无论名称如何，必须看似：

i. indicate the name of the courier service and be stamped or signed by the named courier service at the place from which the credit states the goods are to be shipped; and

i.表明快递机构的名称，并在信用证规定的货物发运地点由该具名快递机构盖章或签字；并且

ii. indicate a date of pick-up or of receipt or wording to this effect. This date will be deemed to be the date of shipment.

ii.表明取件或收件的日期或类似词语。该日期将被视为发运日期。

b. A requirement that courier charges are to be paid or prepaid may be satisfied by a transport document issued by a courier service evidencing that courier charges are for the account of a party other than the consignee.

b.如果要求显示快递费用付讫或预付，快递机构出具的表明快递费由收货人以外的一方支付的运输单据可以满足该项要求。

c. A post receipt or certificate of posting, however named, evidencing receipt of goods for transport, must appear to be stamped or signed and dated at the place from which the credit states the goods are to be shipped. This date will be deemed to be the date of shipment.

c.证明货物收讫待运的邮政收据或投邮证明，无论名称如何，必须看似在信用证规定的货物发运地点盖章或签署并注明日期。该日期将被视为发运日期。

Article 26 “On Deck” “Shipper's Load and Count” “Said by Shipper to Contain” and Charges Additional to Freight

第二十六条 “货装舱面”“托运人装载和计数”“内容据托运人报称”及运费之外的费用

a. A transport document must not indicate that the goods are or will be loaded on deck. A clause on a transport document stating that the goods may be loaded on deck is acceptable.

a.运输单据不得表明货物装于或者将装于舱面。声明货物可能被装于舱面的运输单据条款可以接受。

b. A transport document bearing a clause such as "shipper's load and count" and "said by shipper to contain" is acceptable.

b.载有诸如“托运人装载和计数”或“内容据托运人报称”条款的运输单据可以接受。

c. A transport document may bear a reference, by stamp or otherwise, to charges additional to the freight.

c.运输单据上可以以印戳或其他方式提及运费之外的费用。

Article 27 Clean Transport Document

第二十七条 清洁运输单据

A bank will only accept a clean transport document. A clean transport document is one bearing no clause or notation expressly declaring a defective condition of the goods or their packaging. The word "clean" need not appear on a transport document, even if a credit has a requirement for that transport document to be "clean on board".

银行只接受清洁运输单据。清洁运输单据指未载有明确宣称货物或包装有缺陷的条款或批注的运输单据。"清洁"一词并不需要在运输单据上出现，即使信用证要求运输单据为"清洁已装船"的。

Article 28 Insurance Document and Coverage

第二十八条 保险单据及保险范围

a. An insurance document, such as an insurance policy, an insurance certificate or a declaration under an open cover, must appear to be issued and signed by an insurance company, an underwriter or their agents or their proxies.

a.保险单据，例如保险单或预约保险项下的保险证明书或者声明书，必须看似由保险公司或承保人或其代理人或代表出具并签署。

Any signature by an agent or proxy must indicate whether the agent or proxy has signed for or on behalf of the insurance company or underwriter.

代理人或代表的签字必须标明其系代表保险公司或承保人签字。

b. When the insurance document indicates that it has been issued in more than one original, all originals must be presented.

b.如果保险单据表明其以多份正本出具，所有正本均须提交。

c. Cover notes will not be accepted.

c.暂保单将不被接受。

d. An insurance policy is acceptable in lieu of an insurance certificate or a declaration under an open cover.

d.可以接受保险单代替预约保险项下的保险证明书或声明书。

e. The date of the insurance document must be no later than the date of shipment, unless it appears from the insurance document that the cover is effective from a date not later than the date of shipment.

e.保险单据日期不得晚于发运日期，除非保险单据表明保险责任不迟于发运日生效。

f. i. The insurance document must indicate the amount of insurance coverage and be in the same currency as the credit.

f.i.保险单据必须表明投保金额并以与信用证相同的货币表示。

ii. A requirement in the credit for insurance coverage to be for a percentage of the value of the goods, of the invoice value or similar is deemed to be the minimum amount of coverage required.

Ii. 信用证对于投保金额为货物价值、发票金额或类似金额的某一比例的要求，将被视为对最低保额的要求。

If there is no indication in the credit of the insurance coverage required, the amount of insurance coverage must be at least 110% of the CIF or CIP value of the goods.

如果信用证对投保金额未作规定，投保金额须至少为货物的 CIF 或 CIP 价格的 110%。

When the CIF or CIP value cannot be determined from the documents, the amount of insurance coverage must be calculated on the basis of the amount for which honour or negotiation is requested or the gross value of the goods as shown on the invoice, whichever is greater.

如果从单据中不能确定 CIF 或者 CIP 价格，投保金额必须基于要求承付或议付的金额，或者基于发票上显示的货物总值来计算，两者之中取金额较高者。

iii. The insurance document must indicate that risks are covered at least between the place of taking in charge or shipment and the place of discharge or final destination as stated in the credit.

iii.保险单据须标明承包的风险区间至少涵盖从信用证规定的货物监管地或发运地开始到卸货地或最终目的地为止。

g. A credit should state the type of insurance required and, if any, the additional risks to be covered. An insurance document will be accepted without regard to any risks that are not covered if the credit uses imprecise terms such as “usual risks” or “customary risks”.

g.信用证应规定所需投保的险别及附加险（如有的话）。如果信用证使用诸如“通常风险”或“惯常风险”等含义不确切的用语，则无论是否有漏保之风险，保险单据将被照样接受。

h. When a credit requires insurance against “all risks” and an insurance document is presented containing any “all risks” notation or clause, whether or not bearing the heading “all risks”, the insurance document will be accepted without regard to any risks stated to be excluded.

h.当信用证规定投保“一切险”时，如保险单据载有任何“一切险”批注或条款，无论是否有“一切险”标题，均将被接受，即使其声明任何风险除外。

i. An insurance document may contain reference to any exclusion clause.

i.保险单据可以援引任何除外责任条款 。

j. An insurance document may indicate that the cover is subject to a franchise or excess (deductible).

j.保险单据可以注明受免赔率或免赔额（减除额）约束。

Article 29 Extension of Expiry Date or Last Day for Presentation

第二十九条 截止日或最迟交单日的顺延

a. If the expiry date of a credit or the last day for presentation falls on a day when the bank to which presentation is to be made is closed for reasons other than those referred to in article 36, the expiry date or the last day for presentation, as the case may be, will be extended to the first following banking day.

a.如果信用证的截止日或最迟交单日适逢接受交单的银行非因第三十六条所述原因而歇业，则截止日或最迟交单日，视何者适用，将顺延至其重新开业的第一个银行工作日。

b. If presentation is made on the first following banking day, a nominated bank must provide the issuing bank or confirming bank with a statement on its covering schedule that the presentation was made within the time limits extended in accordance with sub-article 29 (a).

b.如果在顺延后的第一个银行工作日交单，指定银行必须在其致开证行或保兑行的面涵中声明交单是在根据第二十九条 a 款顺延的期限内提交的。

c. The latest date for shipment will not be extended as a result of sub-article 29 (a).

c.最迟发运日不因第二十九条 a 款规定的原因而顺延。

Article 30 Tolerance in Credit Amount, Quantity and Unit Prices

第三十条 信用证金额、数量与单价的增减幅度

a. The words "about" or "approximately" used in connection with the amount of the credit or the quantity or the unit price stated in the credit are to be construed as allowing a tolerance not to exceed 10% more or 10% less than the amount, the quantity or the unit price to which they refer.

a.“约”或“大约”用语信用证金额或信用证规定的数量或单价时，应解释为允许有关金额或数量或单价有不超过10%的增减幅度。

b. A tolerance not to exceed 5% more or 5% less than the quantity of the goods is allowed, provided the credit does not state the quantity in terms of a stipulated number of packing units or individual items and the total amount of the drawings does not exceed the amount of the credit.

b.在信用证未以包装单位件数或货物自身件数的方式规定货物数量时，货物数量允许有5%的增减幅度，只要总支取金额不超过信用证金额。

c. Even when partial shipments are not allowed, a tolerance not to exceed 5% less than the amount of the credit is allowed, provided that the quantity of the goods, if stated in the credit, is shipped in full and a unit price, if stated in the credit, is not reduced or that sub-article 30 (b) is not applicable. This tolerance does not apply when the credit stipulates a specific tolerance or uses the expressions referred to in sub-article 30 (a).

c.如果信用证规定了货物数量，而该数量已全部发运，及如果信用证规定了单价，而该单价又未降低，或当第三十条 b 款不适用时，则即使不允许部分装运，也允许支取的金额有5%的减幅。若信用证规定有特定的增减幅度或使用第三十条 a 款提到的用语限定数量，则该减幅不适用。

Article 31 Partial Drawings or Shipments

第三十一条 分批支款或分批装运

a. Partial drawings or shipments are allowed.

a.允许分批支款或分批装运。

b. A presentation consisting of more than one set of transport documents evidencing shipment commencing on the same means of conveyance and for the same journey, provided they indicate the same destination, will not be regarded as covering a partial shipment, even if they indicate different dates of shipment or different ports of loading, places of taking in charge or dispatch. If the presentation consists of more than one set of transport documents, the latest date of shipment as evidenced on any of the sets of transport documents will be regarded as the date of shipment.

b.表明使用同一运输工具并经由同次航程运输的数套运输单据在同一次提交时，只要显示相同目的地，将不视为部分发运，即使运输单据上标明的发运日期不通或装卸港、接管地或发送地点不同。如果交单由数套运输单据构成，其中最晚的一个发运日将被视为发运日。

A presentation consisting of one or more sets of transport documents evidencing shipment on more than one means of conveyance within the same mode of transport will be regarded as covering a partial shipment, even if the means of conveyance leave on the same day for the same destination.

含有一套或数套运输单据的交单，如果表明在同一种运输方式下经由数件运输工具运输，即使运输工具在同一天出发运往同一目的地，仍将被视为部分发运。

c. A presentation consisting of more than one courier receipt, post receipt or certificate of posting will not be regarded as a partial shipment if the courier receipts, post receipts or certificates of posting appear to have been stamped or signed by the same courier or postal service at the same place and date and for the same destination.

c.含有一份以上快递收据、邮政收据或投邮证明的交单，如果单据看似由同一块地或邮政机构在同一地点和日期加盖印戳或签字并且表明同一目的地，将不视为部分发运。

Article 32 Instalment Drawings or Shipments

第三十二条 分期支款或分期装运

If a drawing or shipment by instalments within given periods is stipulated in the credit and any instalment is not drawn or shipped within the period allowed for that instalment, the credit ceases to be available for that and any subsequent instalment.

如信用证规定在指定的时间段内分期支款或分期发运，任何一期未按信用证规定期限支取或发运时，信用证对该期及以后各期均告失效。

Article 33 Hours of Presentation

第三十三条 交单时间

A bank has no obligation to accept a presentation outside of its banking hours.

银行在其营业时间外无接受交单的义务。

Article 34 Disclaimer on Effectiveness of Documents

第三十四条 关于单据有效性的免责

A bank assumes no liability or responsibility for the form, sufficiency, accuracy, genuineness, falsification or legal effect of any document, or for the general or particular conditions stipulated in a document or superimposed thereon; nor does it assume any liability or responsibility for the description, quantity, weight, quality, condition, packing, delivery, value or existence of the goods, services or other performance represented by any document, or for the good faith or acts or omissions, solvency, performance or standing of the consignor, the carrier, the forwarder, the consignee or the insurer of the goods or any other person.

银行对任何单据的形式、充分性、准确性、内容真实性、虚假性或法律效力，或对单据中规定或添加的一般或特殊条件，概不负责；银行对任何单据所代表的货物、服务或其他履约行为的描述、数量、重量、品质、状况、包装、交付、价值或其存在与否，或对发货人、承运人、货运代理人、收货人、货物的保险人或其他任何人的诚信与否，作为或不作为、清偿能力、履约或资信状况，也概不负责。

Article 35 Disclaimer on Transmission and Translation

第三十五条 关于信息传递和翻译的免责

A bank assumes no liability or responsibility for the consequences arising out of delay, loss in transit, mutilation or other errors arising in the transmission of any messages or delivery of letters or documents, when such messages, letters or documents are transmitted or sent according to the requirements stated in the credit, or when the bank may have taken the initiative in the choice of the delivery service in the absence of such instructions in the credit.

当报文、信件或单据按照信用证的要求传输或发送时，或当信用证未作指示，银行自行选择传送服务时，银行对报文传输或信件或单据的递送过程中发生的延误、中途遗失、残缺或其他错误产生的后果，概不负责。

If a nominated bank determines that a presentation is complying and forwards the documents to the issuing bank or confirming bank, whether or not the nominated bank has honoured or negotiated, an issuing bank or confirming bank must honour or negotiate, or reimburse that nominated bank, even when the documents have been lost in transit between the nominated bank and the issuing bank or confirming bank, or between the confirming bank and the issuing bank.

如果指定银行确定交单相符并将单据发往开证行或保兑行。无论指定的银行是否已经承付或议付，开证行或保兑行必须承付或议付，或偿付指定银行，即使单据在指定银行送往开证行或保兑行的途中，或保兑行送往开证行的途中丢失。

A bank assumes no liability or responsibility for errors in translation or interpretation of technical terms and may transmit credit terms without translating them.

银行对技术术语的翻译或解释上的错误，不负责任，并可不加翻译地传送信用证条款。

Article 36 Force Majeure

第三十六条 不可抗力

A bank assumes no liability or responsibility for the consequences arising out of the interruption of its business by Acts of God, riots, civil commotions, insurrections, wars, acts of terrorism, or by any strikes or lookouts or any other causes beyond its control.

银行对由于天灾、暴动、骚乱、叛乱、战争、恐怖主义行为或任何罢工、停工或其无法控制的任何其他原因导致的营业中断的后果，概不负责。

A bank will not, upon resumption of its business, honour or negotiate under a credit that expired during such interruption of its business.

银行恢复营业时，对于在营业中断期间已逾期的信用证，不再进行承付或议付。

Article 37 Disclaimer for Acts of an Instructed Party

第三十七条 关于被指示方行为的免责

a. A bank utilizing the services of another bank for the purpose of giving effect to the instructions of the applicant does so for the account and at the risk of the applicant.

a.为了执行申请人的指示，银行利用其他银行的服务，其费用和风险由申请人承担。

b. An issuing bank or advising bank assumes no liability or responsibility should the instructions it transmits to another bank not be carried out, even if it has taken the initiative in the choice of that other bank.

b.即使银行自行选择了其他银行，如果发出指示未被执行，开证行或通知行对此亦不负责。

c. A bank instructing another bank to perform services is liable for any commissions, fees, costs or expenses (“charges”) incurred by that bank in connection with its instructions.

c.指示另一银行提供服务的银行有责任负担被执释放因执行指示而发生的任何佣金、手续费、成本或开支（“费用”）。

If a credit states that charges are for the account of the beneficiary and charges cannot be collected or deducted from proceeds, the issuing bank remains liable for payment of charges.

如果信用证规定费用由受益人负担，而该费用未能收取或从信用证款项中扣除，开证行依然承担支付此费用的责任。

A credit or amendment should not stipulate that the advising to a beneficiary is conditional upon the receipt by the advising bank or second advising bank of its charges.

信用证或其修改不应规定向受益人的通知以通知行或第二通知行收到其费用为条件。

d. The applicant shall be bound by and liable to indemnify a bank against all obligations and responsibilities imposed by foreign laws and usages.

d.外国法律和惯例加诸于银行的一切义务和责任，申请人应受其约束，并就此对银行负补偿之责。

Article 38 Transferable Credits

第三十八条 可转让信用证

a. A bank is under no obligation to transfer a credit except to the extent and in the manner expressly consented to by that bank.

a. 银行无办理转让信用证的义务，除非该银行明确同意其转让范围和转让方式。

b. For the purpose of this article:

b. 就本条款而言：

Transferable credit means a credit that specifically states it is “transferable”. A transferable credit may be made available in whole or in part to another beneficiary (“second beneficiary”) at the request of the beneficiary (“first beneficiary”).

转让信用证意指明确表明其“可以转让”的信用证。根据受益人（“第一受益人”）的请求，转让信用证可以被全部或部分地转让给其他受益人（“第二受益人”）。

Transferring bank means a nominated bank that transfers the credit or, in a credit available with any bank, a bank that is specifically authorized by the issuing bank to transfer and that transfers the credit. An issuing bank may be a transferring bank.

转让银行意指办理信用证转让的被指定银行，或者在适用于任何银行的信用证中，转让银行是由开证行特别授权并办理转让信用证的银行。开证行也可担任转让银行。

Transferred credit means a credit that has been made available by the transferring bank to a second beneficiary.

转让信用证意指经转让银行办理转让后可供第二受益人使用的信用证。

c. Unless otherwise agreed at the time of transfer, all charges (such as commissions, fees, costs or expenses) incurred in respect of a transfer must be paid by the first beneficiary.

c. 除非转让时另有约定，所有因办理转让而产生的费用（诸如佣金、手续费、成本或开支）必须由第一受益人支付。

d. A credit may be transferred in part to more than one second beneficiary provided partial drawings or shipments are allowed.

d. 倘若信用证允许分批支款或分批装运，信用证可以被部分地转让给一个以上的第二受益人。

A transferred credit cannot be transferred at the request of a second beneficiary to any subsequent beneficiary. The first beneficiary is not considered to be a subsequent beneficiary.

第二受益人不得要求将信用证转让给任何次序位居其后的其他受益人。第一受益人不属于此类其他受益人之列。

e. Any request for transfer must indicate if and under what conditions amendments may be advised to the second beneficiary. The transferred credit must clearly indicate those conditions.

e. 任何有关转让的申请必须指明是否以及在何种条件下可以将修改通知第二受益人。转让信用证必须明确指明这些条件。

f. If a credit is transferred to more than one second beneficiary, rejection of an amendment by one or more second beneficiary does not invalidate the acceptance by any other second beneficiary, with respect to which the transferred credit will be amended accordingly. For any second beneficiary that rejected the amendment, the transferred credit will remain unamended.

f. 如果信用证被转让给一个以上的第二受益人，其中一个或多个第二受益人拒绝接受某个信用证修改并不影响其他第二受益人接受修改。对于接受修改的第二受益人而言，信用证已做相应的修改；对于拒绝接受修改的第二受益人而言，该转让信用证仍未被修改。

g. The transferred credit must accurately reflect the terms and conditions of the credit, including confirmation, if any, with the exception of:

g. 转让信用证必须准确转载原证的条款及条件，包括保兑（如有），但下列项目除外：

- the amount of the credit,

-信用证金额，

- any unit price stated therein,

-信用证规定的任何单价，

- the expiry date,

-到期日，

- the period for presentation, or

-单据提示期限

- the latest shipment date or given period for shipment,

-最迟装运日期或规定的装运期间。

any or all of which may be reduced or curtailed.

以上任何一项或全部均可减少或缩短。

The percentage for which insurance cover must be effected may be increased to provide the amount of cover stipulated in the credit or these articles.

必须投保的保险金额的投保比例可以增加，以满足原信用证或本惯例规定的投保金额。

The name of the first beneficiary may be substituted for that of the applicant in the credit.

可以用第一受益人的名称替换原信用证中申请人的名称。

If the name of the applicant is specifically required by the credit to appear in any document other than the invoice, such requirement must be reflected in the transferred credit.

如果原信用证特别要求开证申请人名称应在除发票以外的任何单据中出现时，则转让信用证必须反映出该项要求。

h. The first beneficiary has the right to substitute its own invoice and draft, if any, for those of a second beneficiary for an amount not in excess of that stipulated in the credit, and upon such substitution the first beneficiary can draw under the credit for the difference, if any, between its invoice and the invoice of a second beneficiary.

h. 第一受益人有权以自己的发票和汇票(如有)，替换第二受益人的发票和汇票(如有)，其金额不得超过原信用证的金额。在如此办理单据替换时，第一受益人可在原信用证项下支取自己发票与第二受益人发票之间产生的差额（如有）。

i. If the first beneficiary is to present its own invoice and draft, if any, but fails to do so on first demand, or if the invoices presented by the first beneficiary create discrepancies that did not exist in the presentation made by the second beneficiary and the first beneficiary fails to correct them on first demand, the transferring bank has the right to present the documents as received from the second beneficiary to the issuing bank, without further responsibility to the first beneficiary.

i. 如果第一受益人应当提交其自己的发票和汇票（如有），但却未能在收到第一次要求时照办；或第一受益人提交的发票导致了第二受益人提示的单据中本不存在的不符点，而其未能在收到第一次要求时予以修正，则转让银行有权将其从第二受益人处收到的单据向开证行提示，并不再对第一受益人负责。

j. The first beneficiary may, in its request for transfer, indicate that honour or negotiation is to be effected to a second beneficiary at the place to which the credit has been transferred, up to and including the expiry date of the credit. This is without prejudice to the right of the first beneficiary in accordance with sub-article 38 (h).

j. 第一受益人可以在其提出转让申请时，表明可在信用证被转让的地点，在原信用证的到期日之前（包括到期日）向第二受益人予以兑付或议付。本条款并不损害第一受益人在第三十八条（h）款下的权利。

k. Presentation of documents by or on behalf of a second beneficiary must be made to the transferring bank.

k．由第二受益人或代表第二受益人提交的单据必须向转让银行提示。

Article 39 Assignment of Proceeds

第三十九条 款项让渡

The fact that a credit is not stated to be transferable shall not affect the right of the beneficiary to assign any proceeds to which it may be or may become entitled under the credit, in accordance with the provisions of applicable law. This article relates only to the assignment of proceeds and not to the assignment of the right to perform under the credit.

信用证未表明可转让，并不影响受益人根据所适用的法律规定，将其在该信用证项下有权获得的款项让渡与他人的权利。本条款所涉及的仅是款项的让渡，而不是信用证项下执行权力的让渡。

参考文献

[1] 黄秀丹. 新编外贸单证实务. 北京：北京邮电大学出版社，2015

[2] 章安平. 外贸单证实务. 北京：高等教育出版社，2015

[3] 童宏祥. 外贸单证实务. 上海：华东理工大学出版社，2007

[4] 孟祥年. 外贸单证实务. 北京：中国财政经济出版社，2014

[5] 范明华，李良波. 外贸单证实务. 北京：电子工业出版社，2011

[6] 全国国际商务单证专业培训考试用书. 北京：中国商务出版社，2015

[7] 郭晓晶，广银芳. 外贸单证实务. 北京：高等教育出版社，2011

反侵权盗版声明

电子工业出版社依法对本作品享有专有出版权。任何未经权利人书面许可，复制、销售或通过信息网络传播本作品的行为；歪曲、篡改、剽窃本作品的行为，均违反《中华人民共和国著作权法》，其行为人应承担相应的民事责任和行政责任，构成犯罪的，将被依法追究刑事责任。

为了维护市场秩序，保护权利人的合法权益，我社将依法查处和打击侵权盗版的单位和个人。欢迎社会各界人士积极举报侵权盗版行为，本社将奖励举报有功人员，并保证举报人的信息不被泄露。

举报电话：（010）88254396；（010）88258888

传　　真：（010）88254397

E-mail：　dbqq@phei.com.cn

通信地址：北京市万寿路 173 信箱

电子工业出版社总编办公室

邮　　编：100036